내 인생 최고의 버킷 리스트, **책·쓰·기·다**

초판1쇄 인쇄 | 2013년 3월 20일
초판1쇄 발행 | 2013년 3월 25일

지은이 | 오정환
펴낸이 | 김진성
펴낸곳 | 휴이넘

편집 | 김선우
디자인 | 장재승
관리 | 정보해

출판등록 | 2005년 2월21일 제313-2005-000034호
주소 | 서울시 구로구 개봉동 359-18 한일코지세상 102동 201호
전화 | 02-323-4421
팩스 | 02-323-7753
이메일 | kjs9653@hotmail.com

ⓒ 오정환, 2014
값 13,500원
ISBN 978-89-93132-31-1 13320

* 잘못된 책은 서점에서 바꾸어 드립니다.

책·쓰·기·다

오정환 지음

책 쓰기 책에 부치며

2008년에 처음으로 책을 냈다. 꿈만 같았다. 아이를 낳은 어머니의 심정이 이럴까? 책은 내가 꿈을 찾아 나아가는 데 가속페달이 됐다. 강사가 되고 싶은 나를 자연스럽게 강사로 만들어 주었다.

그 후 세 권을 더 썼다. 석사, 박사가 우글거리는 정글 같은 강사 세계에서 그런대로 선방하고 있는 것은 책을 낸 저자라는 프로필이 한몫했다. 그렇더라도 내가 책 쓰기를 강의하게 될 줄은 꿈에도 생각하지 못했다. 더구나 '책 쓰기 책'이라니.

2013년에 내가 사무총장으로 있던 한국세일즈코치협회 이사회에서 세일즈 관련 책을 공동 집필하기로 결정했다. 인덕대학교 평생교육원에서 한 학기 동안 협회 이사 10명이 '세일즈학 개론'을 강의한 직후라 1인당 한두 꼭지씩 글을 보내 주면 내가 정리하기로 했다. 본인들이 강의한 내용을 정리해 주는 것이라 일이 수월하리라 생각했다.

하지만 만만찮았다. 10명이 쓴 원고는 일단 문체부터가 제각각이었다. 문체를 통일하는 게 쉽지 않았다. 또 한 가지는 문장력이었다. 손볼 데가 정말 많았다. 세일즈 업계에서 오랫동안 일을 했고, 강의도 많이 한 분들이라 내용은 두말할 것 없이 좋았지만, 그 좋은 내용을 담아내는 문장력은 부족했다.

7월 정기 이사회를 하는 날 농담으로 말을 꺼냈다.

"우리 이사들에게 글쓰기 특강을 한번 해야겠어요."

꼭 하겠다는 의지가 담긴 것이 아니고 내가 고생하고 있다는 것을 알아주었으면 하는 마음에서 그냥 툭 던진 말이었다. 그런데 인코칭 부사장인 김상범 이사가 "그럼 한번 해봅시다. 먼저 우리 인코칭 파트너 코치들에게 한 번 해 주세요." 하는 게 아닌가. 글쓰기 강의를 한 번도 해 본 적이 없는데 당장 9월부터 하라니. 그때부터 부랴부랴 그동안 내가 읽은 글쓰기 책들을 참고로 강의안을 만들기 시작했다.

그러던 중 김상범 부사장에게서 전화가 왔다. '글쓰기 강의'가 아니라 '책 쓰기 강의'를 하자고. 책 쓰기 강의라…. 물론 책을 낸 경험이 있지만 경험만으로 강의를 할 수는 없는 일 아닌가. 그날로 인터넷에서 책 쓰기 관련 책을 검색하여 몽땅 샀다. 그리고 밤낮으로 읽어 나갔다. 8월 중순쯤에 10회짜리 프로그램을 만들 수 있었다.

욕심이 생겼다. 이왕 책 쓰기 프로그램을 만들고 강의를 할 거면 '책 쓰기 책'을 써 보자. 나는 강의할 때 강의 원고를 작성하는 습관이 있다. 그러니 책 쓰기 강의를 하며 원고를 한 줄 한 줄 써 나가다 보면 책이 되지 않겠느냐는 생각이 들었다. 그렇게 시작한 것이 이 책이다. 책 쓰기 강의를 하며 책을 쓰고 싶어 하는 사람들이 많다는 사실을 알았다.

그러나 대부분의 사람들이 두려워한다. 하긴 책이라는 게 자전거 타는 법을 배우듯 작은 노력만으로 되는 것은 아니리라. 충분한 공부가 필요하고, 지식과 경험과 생각을 글로 풀어내는 기술도 있어야 한다.

그런데 공부와 기술이 하루아침에 가능한 일이 아니지 않은가. 비즈니스 책이라면 더욱 그렇다. 그러나 문제는 머릿속에 충분한 지식과 경험이 있어도 책으로 엮어 볼 생각을 하지 않는 것이다. 타고난 능력이 있어야 책을 쓴다고 착각하기 때문이다. 결론부터 말하면 책을 쓰는 데 타고난 능력은 필요하지 않다.

이 책은 책을 쓰고 싶지만 엄두를 못 내고 있는 사람을 위한 실용서다. 그냥 따라 하기만 하면 책을 쓸 수 있도록 만든 안내서다. 당신이 준비할 것은 딱 한 가지다. 연필 한 자루. 이 책은 [무조건 책 한 권 쓰기 강좌] 6개월 과정을 책으로 엮은 것으로, 과정을 마칠 때쯤이면 초고를 완성하도록 짰다.

그러니 한 번에 후다닥 읽고 덮어 버리면 의미가 없다. 처음부터 차곡차곡 따라 하다 보면 어느 날 아침에 저자가 되어 있을 것이다. 흥분되지 않는가.

나는 책이 출판되려 할 때 '이게 꿈인가 현실인가.' 했고, 책이 출판된 후엔 아침저녁으로 인터넷 검색창에 책 이름을 검색했다. 누가 내책에 리뷰를 올렸는지, 누가 내 책 내용을 인용하여 블로그나 카페에 글을 쓰는지 살폈다. 또한 내 책을 들고 와서 사인을 부탁할 때만큼 신나는 순간도 없었다. 사는 게 흥분 그 자체였다. 경이로웠다.

이 책을 내며 돌이켜 보니 감사할 분이 많다. 먼저 용인시민신문사 이홍근 회장님과 우상표 사장님께 감사한다. 신문사에 공간을 내주어 연구하고 강의할 수 있도록 배려해 주셨다. 이 책은 그 연구실에서 나온 첫 작품이다.

또한 인코칭 홍의숙 사장님과 김상범 부사장님께 감사 인사를 드린다. 나를 믿고 [무조건 책 한 권 쓰기 강좌]를 개설할 수 있도록 했으니 이보다 고마운 일이 어디 있겠는가. [무조건 책 한 권 쓰기 강좌]가 뿌리를 내리는 데 애를 써 준 인코칭 하주영 과장에게도 고맙다.

책을 쓰는 일은 긴 여행과 같다. 이 책이 여행길을 안내하는 좋은 지도가 되기를 기원한다.

오정환

CHAPTER 08 책 마무리하기

당신도
책을 쓸 수 있다

당신도 저자가 될 수 있다

단언한다. 모든 사람이 책을 쓸 수 있다. 책 쓰기는 기술이다. 자전거를 타거나 피아노를 치거나 공을 차거나 운전을 하는 것과 같은 기술이다. 배우면 모든 사람이 할 수 있지만, 배우지 않으면 할 수 없다.

타고난 재능이 있어야 되지 않느냐고 말하는 사람도 있다. 운동신경이 둔한 사람은 자전거를 배우는 데 시간이 조금 더 걸린다. 반면에 재능이 있는 사람은 피아노를 배워도 진도가 빠르고, 축구를 할 때 가르쳐 주지 않은 것도 척척 해낼 수 있다. 글을 쓰는 데도 물론 재능 있는 사람이 있을 것이다.

글쎄, 나는 그 재능이라는 것이 없어서 잘 모르겠지만 우리가 소월이 되고, 춘원이 되고, 목월이 되려는 것은 아니지 않는가? 이 책에서 말하고자 하는 것은 비즈니스 책을 쓰는 기술이다. 글 쓰는 기술, 책을 쓰는 요령은 조그만 터득하면 된다. 물론 전제 조건은 있다. 쓰고 싶은 주제와 관련 있는 공부는 얼마나 했는지, 책은 얼마나 읽었는지, 경험은 얼마나 했는지 따위다.

공부가 짧아도 경험이 충분하면 책을 쓸 수 있다. 경험한 것이 없어도 독서량이 풍부하다면 책을 낼 수 있다. 둘 중에 아무것도 해당되지 않는다면 책을 쓸 수 없다. 경험이 있고 공부가 충분하다면 그다음에 필요한 것은 글쓰기 기술, 즉 문장력이다.

책 몇 권은 낼 수 있는 파란만장한 삶을 살고도 책으로 남기지 못하는 사람은 경험을 글로 풀어내는 문장력이 없기 때문이다. 아무리 공부를 많이 한 사람일지라도 지식을 풀어 쓰는 기술이 없으면 책 한 권 쓸 수 없다. 하지만 평소에 글쓰기 연습을 많이 한 독자라면 지금 당장 책을 집필해도 문제될 것이 없다.

그럼 당신이 책을 쓸 준비가 되어 있는지 점검해 보자.

1_ 책 쓰기는 왜 필요한가?

여기서 말하는 책은 소설이나 시집, 수필집 같은 문학서적이 아니다. 전문적인 연구서적을 말하는 것도 아니다. 경제경영서나 자기계발서 같은 비즈니스 관련 책을 말한다. 이런 종류의 책 저술이 필요한 사람은 누구일까? 나처럼 강의를 해서 밥을 먹고사는 사람들이 아닐까? 아니면 강사를 준비하는 사람들이 아닐까?

강의하는 사람들에게 책은 무기와 같다. 저술서가 있는 것과 없는 것은 큰 차이가 있다. 강사는 많지만, 책을 쓴 강사는 드물다. 책을 낸 저자라면 그것만으로도 다른 강사들보다 경쟁우위에 설 수 있다.

나는 강사가 되고 싶었지만 아무도 불러 주지 않았다. 그런데 첫 번째 책 『영업, 질문으로 승부하라』가 나오자마자 강의 의뢰가 들어왔다. 책으로 어느 정도 전문성을 인정받은 셈이다. 이제 네 권을 쓰고 보니, 책을 읽은 사람들이 심심찮게 강의를 의뢰한다. 생각지도 않은 곳에서 의뢰가 오면 나를 어떻게 알았느냐고 물어본다. 대부분이 책을 읽었다고 한다.

책 쓰기는 당신이 그동안 공부하고 경험했던 것을 총정리하는 의미도 있다. 강사가 되기 위해 얼마나 많은 책을 읽었겠는가? 강사가 아니더라도 석사, 박사 공부를 하기 위해 얼마나 독서를 많이 했겠는가? 당신이 그동안 공부한 것을 한번 정리해보는 것도 필요하다. 이것은 강의할 때 좋은 교재가 된다. 유명한 강사치고 책 한 권 안 쓴 사람이 없다.

자신이 하는 일에서 전문성을 인정받기 위해 책을 쓸 수도 있다. 자신을 널리 알리는 수단이 되고, 자신이 하는 일을 알리는 좋은 방법이다. 정치인들이 선거 때만 되면 책을 내고 출판기념회를 하는 것도 이 때문이다.

기업인들도 책을 낸다. 총각네 야채가게 이영석 대표는 『총각네 야채가게』와 『인생에 변명하지 마라』를 썼다. 자신이 쓴 책을 통해 사업체를 효과적으로 홍보하고 있다. 천호식품 김영식 회장은 『10미터만 더 뛰어봐』를 썼고, 마케팅 전문가로 수많은 히트상품을 만들어 낸 조서환 사장은 『모티베이터』를 비롯하여 『한국형 마케팅』, 『대한민국

일등상품 마케팅전략』, 『14인 마케팅 고수들의 잘난척하는 이야기』 등 여러 권의 책을 냈다. 사례만으로도 책 한 권 분량이 나올 것이다.

2_어떤 주제로 책을 쓰고 싶은가?

가장 좋은 주제는 '지금 쓸 수 있는 것'이다. 당신이 지금 하고 있는 일이 가장 좋은 주제다. 어느 분야든 그곳에서 10년 넘게 일했다면 이미 전문가다. 게다가 연관 있는 책을 많이 읽었다면 이보다 더 좋을 수 없다. 나는 영업 분야에서 오랫동안 일을 하며 영업 관련 책을 많이 읽었다. 결국 영업 관련 책을 썼다.

지금 당신이 하는 일을 살펴보라. 그 안에 쓰고 싶은 주제가 있을 것이다. 또는 다른 사람보다 유난히 잘하는 것이 있을 것이다. 그것을 주제로 책을 쓰면 된다. 서점에 가서 책을 한번 보라. '이런 주제로도 쓰는구나.'라는 게 참 많다. 내가 최근에 읽은 책 중에는 일본 항공기 승무원 출신이 쓴 것으로, 자신이 승무원 생활을 할 때 1등석에 탄 사람들을 관찰하여 특징을 기록한 것이 있다. 1등석을 탄 사람들은 대체로 성공한 사람들이고, 이들만의 특징을 뽑아내 책으로 엮은 아이디어가 돋보였다.

이와 마찬가지로 정리를 잘하는 사람은 정리에 관한 책, 다이어트에 성공한 사람은 다이어트에 관한 책, 암을 극복한 사람은 암을 이기는 방법에 관한 책을 쓰면 된다. 다산 정약용이 아들이 닭을 친다는 말을 듣고 보낸 다음의 편지는 책 쓰기 주제가 얼마나 다양할 수 있는지를 보여 준다.

네가 닭을 기른다는 말을 들었는데, 닭을 기르는 것은 참으로 좋은 일이다. 하지만 닭을 기르는 방법에도 품위 있고 저속하고, 깨끗하고 더러운 것의 차이가 있다. 꼼꼼하게 농서를 잘 읽어서 좋은 방법을 선택하여 골라 시험해 보아라. 색깔과 종류를 구별해 보기도 하고, 홰를 다르게도 만들어 보고, 사료 관리를 특별히 해서 남의 집 닭보다 더 살찌고 알을 더 많이 낳게 해 보아라.

또 간혹 시를 지어서 닭의 정경을 읊어 닭들의 모든 것을 파악해 보아야 하는데, 이것이 바로 독서한 사람이 양계하는 법이다. 만약 이익만 생각하고 의리는 알지 못하며, 닭에 대한 취미를 붙이지 못하고 무작정 기르는 것에만 골몰해 이웃의 채소를 기르는 사람과 아침저녁으로 다투기나 한다면, 이는 바로 서너 집 모여 사는 시골의 졸렬한 사람이나 하는 양계법이다.

너는 어느 쪽을 택하겠느냐? 이미 양계를 하고 있다니 아무쪼록 모든 서적에서 양계에 관한 이론을 뽑아 양계하는 법이라 할 수 있는 『계경(鷄經)』이라는 책을 만들어 육우의 『다경(茶經)』이나 유혜풍의 『연경(烟經)』과 같이 한다면 이 또한 하나의 좋은 일이 될 것이다. 세속적인 일에서 맑은 운치를 간직하는 것은 항상 이런 방법으로 예를 삼도록 하여라.

『다산 정약용이 유배지에서 보낸 편지와 교훈』, 정약용, 문장

나는 책 쓰기 과정 수강생들에게 제일 먼저 쓰고 싶은 주제를 물어본다. 이미 쓰려고 준비하고 있는 사람들은 확실한 주제를 말하지만, 그렇지 않은 사람은 즉흥적으로 말한다. 그리고 과정이 진행되면서 주제를 바꾸기도 한다. 하지만 상관없다. 당신이 잘 쓸 수 있는 주제를 선정하는 게 가장 중요하다.

3_ 주제와 관련된 책을 몇 권이나 읽었는가?

경제경영서든 자기계발서든 비즈니스 서적은 지식이 쌓여야 쓸 수 있다. 주제와 관련된 책을 어느 정도 읽어야 책을 쓸 수 있는지 정확한 답은 없다. 최소한 100여 권은 읽어야 어느 정도 감을 잡을 수 있지 않나 추측할 뿐이다. 그 정도는 읽어야 관심 있는 주제에서 틈새를 발견할 수 있다.

나는 건강기능식품 방문판매 사업을 하면서 주부사원들을 교육하기 위해 꾸준히 세일즈 기법 책을 읽던 중 틈새를 발견했다. 서점에 나와 있는 세일즈 책은 보험 관련 책이 가장 많았고, 주로 자동차, 화장품 관련 책들이지 건강기능식품을 주제로 쓴 책은 단 한 권도 없었다. 이런 틈새는 충분한 독서가 없으면 발견할 수 없다. 그래서 건강기능식품을 다룬 세일즈 기법 책을 썼다.

물론 독서 없이 경험만으로도 책을 쓸 수는 있다. 그러나 단 한 권으로 그치고 만다. 책을 한 권만 쓰고 말 것이라면 몰라도 계속 책을 낼 생각이라면 반드시 책을 읽어야 한다. 독서량과 경험이 충분하면 진짜 좋은 책을 쓸 준비가 된 것이다.

4_ 주제와 관련된 체험은 어떤 것을 했는가?

책을 쓰는 데 체험은 매우 중요하다. 세일즈 경험 없이 세일즈 책을 쓴다면 이론서일 뿐이다. 책이 지루하다. 책 속에 저자의 경험이 녹아 있어야 재미와 감동을 줄 수 있다. 직장생활 경험 없이 직장생활 잘하는 법을 주제로 책을 쓸 수는 없지 않은가. '총각네 야채가게'를 만들어 이제는 대규모 농산물 판매 기업으로 성장시킨 이영석 대표의 『인생에 변명하지 마라』에는 다음과 같은 사례가 나온다. 이런 경험이 책을 살린다.

직원을 채용할 때 나는 그들에게 먼저 질문을 하라고 한다. 여기서 재미있는 건 그들의 질문에서 그들의 마음을 알 수 있다는 것이다. 질문 내용만 봐도 그 친구가 성공 가능성이 있는 친구인지 아닌지, 똥개로 사는 사람인지, 진돗개로 사는 사람인지 알 수 있다.

똥개 마인드로 사는 사람들은 이렇게 질문한다.

"월급은 얼마예요? 쉬는 날은 언제예요? 주 5일제인가요? 휴가는 어떻게 사용하나요?"

반면, 진돗개 마인드로 사는 사람들은 이렇게 질문한다.

"여기서 몇 년을 배워야 독립해서 일할 수 있나요? 과일 고르는 법은 언제부터 배울 수 있어요? 꼭 일을 배우고 싶습니다."

『인생에 변명하지 마라』, 이영석, 샘앤파커스

당신도 자신의 경험을 책의 주제와 연관시켜 의미를 찾아야 한다. 당신의 경험은 당신만 쓸 수 있다. 얼마나 참신한가. 독일인으로 유럽에서 가장 주목받는 지식경영인 롤프 도벨리는 자신이 쓴 『스마트한 생각들』의 '경험적 지식을 무시하는 경향'이라는 소주제에서 재미있는 질문을 하고 있다.

당신은 천여 권의 의학책을 읽었지만 아직 수술을 한 번도 해 보지 않은 의사에게 수술을 받겠는가? 아니면 의학 책은 한 권도 안 읽었더라도 수술을 천 번이나 해 본 사람에게 수술을 받겠는가?

『스마트한 생각들』, 롤프 도벨리, 걷는나무

그러면서 그는 사람들이 경험에서 얻은 지식을 평가 절하하는 경향이 있다며 비판하고 있다. 그 이유로 든 사례는 이런 것들이다.

라이트 형제는 4년이라는 긴 제작 기간을 거쳐 1903년 12월 17일, 세계 최초로 엔진을 단 도구로 비행하는 데 성공했다. 그들은 원래 자전거와 기계 완구를 만들어 팔던 평범한 사람들이었다. 그런 그들이 인류가 소망하던 비행의 꿈을 실현시킬 수 있었던 이유는 무엇보다도 수많은 시행착오 끝에 엄청난 데이터를 쌓았기 때문이었다. 그들은 자신들이 만든 비행기의 조종사가 되어 실험해 보면서 부족한 기술을 보완해 나갔다. 그리고 결국 자신들의 실험 결과를 토대로 최선의 결과를 찾아냈다.

『스마트한 생각들』, 롤프 도벨리, 걷는나무

경험은 최고의 지식이다. 충분한 경험이 있다면 쓸거리가 없다고 걱정할 이유가 없다.

5_ 현재 글을 쓰거나 발표하고 있는가?

지식과 경험은 책 내용을 풍성하게 만든다. 그러나 아무리 지식과 경험이 많아도 이를 제대로 정리해서 쓸 수 있는 능력이 없다면 책을 쓸 수 없다. 물론 쓰기 능력이 부족해도 내용이 우수하면 책을 낼 수 있다. 출판사에서 잘 다듬어 준다. 이렇게라도 저자가 될 수는 있다. 그러나 성취감이 없다. 마치 대리모에게서 아이를 얻었다고나 할까. 책은 직접 쓰는 게 좋다. 그러려면 문장력이 있어야 한다. 문장력은 하루아침에 늘지 않는다. 꾸준히 노력해야 한다. 나는 신문사에 독자 투고를 하며 글쓰기 연습을 했다.

서점에 갔다가 우연히 『녹색정치』라는 책을 발견하고 사 왔다. 독일 녹색당에 관한 내용이었는데, 나는 그 책에서 환경문제의 중요성과 녹색정치의 가능성을 보았다. 그 후 일 년 동안 환경 관련 책을 100여 권 정도 읽었다. 그 당시 환경문제를 다룬 책은 거의 섭렵한 게 아닌가 생각한다. 그 이후에 직장생활을 하면서도 환경 관련 책을 읽고 환경 관련 신문기사를 계속 스크랩했다.

그렇게 몇 년을 꾸준히 하자 환경문제에 관한 글을 쓰고 싶은 욕구가 생겼다. 머릿속이 '환경'으로 꽉 차자 이것을 내보내려는 욕구가 일기 시작한 것이다. 신문사에 독자 투고를 하기로 하고 지방 일간지를 택했다. 그리고 1998년 9월부터 본격적으로 투고를 하기 시작했다.

한 달에 두 번은 반드시 독자 투고를 하겠다는 계획을 세웠다. 신문과 잡지를 읽으며 시사성 있는 환경문제를 찾고 쓸 거리를 찾아내 초안을 작성한 후 원고를 보내기까지 읽고 또 읽으며 고쳐 쓰기를 반복했다.

보름에 한 번씩 보내는 것이라도 내 머릿속은 온통 독자 투고에 대한 생각뿐이었다. 일간지 칼럼과 사설을 열심히 읽으며 글쓰기 요령을 독학한 것도 이때부터다. 다른 사람이 쓴 좋은 표현이나 단어들을 따로 적어 놓았다가 써먹기도 하며 열심히 글쓰기 연습을 했다.

글은 많이 써 봐야 는다. 써 봐야 표현력도 기를 수 있고, 쓰는 속도도 빨라진다. 일간지에 투고하지 않더라도 블로그를 만들어 글을 올리는 것도 좋은 방법이다. 글은 혼자 보려고 쓰는 것보다 발표를 전제로 쓰면 더 정성을 기울이기 마련이다. 이러한 과정을 통해 글쓰기 능력이 향상된다.

다섯 가지 질문에 어느 정도 생각을 하였다면 지금쯤 어렴풋이 나는 이런 책을 써야겠다고 짚이는 게 있을 것이다. 하지만 아직 이르다. 주제는 좀 더 생각해 보기로 하자. 이제 고민을 잠시 접고 책은 어떤 과정을 거쳐 출간되는지, 좋은 책을 쓰려면 어떤 준비가 필요한지 알아보자.

책을 쓰고 출간하는 과정

우리나라에서 책을 쓴 저자는 25만 명 정도라고 한다. 인구의 0.5%다. 25만 명 하면 많은 것 같지만, 0.5% 하면 대단하지 않은가? 저자가 되면 0.5% 안에 드는 것이다. 그러나 저자가 되는 데 통계치보다 중요한 것이 있다. 성취감이다. 정말 뿌듯하다. 이는 책을 내 본 사람만이 느낄 수 있다.

본격적으로 책 쓰기에 들어가기 전에 책을 출간하는 과정에 대해 살펴보자.

1_ 주제 정하기/쓰고 싶은 주제는 무엇인가?

책을 쓰려고 할 때 가장 먼저 할 일은 쓰고 싶은 주제를 정하는 것이다. 주제가 명확치 않으면 책은 중구난방이 되기 쉽다. 이런 책은 아무리 문장이 세련되도 가치가 없다. 전체 내용이 한 주제로 관통해야 좋은 책이다. 또한 너무 많은 주제를 다루려고 하는 책이 있다. 이런 책은 깊이가 없다. 책은 백화점보다는 전문점이 되어야 한다.

2_ 목차 정하기/주제를 어떤 순서대로 쓸 것인가?

주제를 정했으면 이제 목차를 만들어야 한다. 책의 주제를 몇 가지 큰 주제로 나눈 뒤, 큰 주제는 다시 소주제로 나누고, 각각 소주제에 어떤 메시지를 담을지 정해야 한다. 한마디로 목차 정하기는 뼈대 만들기로, 뼈대가 온전해야 제대로 된 책을 쓸 수 있다. 목차는 짜임새 있는 책을 결정하는 데 관건이 된다.

목차를 잘 짜면 글을 순서에 따라 써 내려가면 된다. 목차는 책을 쓰는 과정에서도 수정할 수 있다. 그런데 공부가 부족하면 여기서 막히고 만다. 제아무리 실력이 있어도 뼈대 없이 살을 붙일 수는 없다. 목차를 완성하면 큰 고개를 하나 넘은 것이다.

3_ 목차별 개요 쓰기/어떤 내용을 쓸 것인가?

목차에 어떤 내용을 쓸 것인지 정리하는 과정이다. 나중에 설명할 시스코 이론에 따라 정리하면 훨씬 수월하다. 목차별로 대략 어떤 내용을 쓸 것인지, 사례나 증거 자료는 무엇으로 할 것인지, 강조하고자 하는 핵심 주제는 무엇인지 정리해 놓으면 본문 쓰기가 한결 수월하다. 이 작업까지 마쳤다면 완성은 시간문제다.

4_ 본문 쓰기/독자에게 무엇을 강조할 것인가?

이것은 개요 쓰기를 한 것에 살을 붙이는 과정이다. 가장 오랜 시간이 걸리는 작업이며, 충분한 지식과 경험이 없으면 본문을 쓸 수 없다. 책을 쓰려는 사람이 가장 어렵게 느끼는 곳이 바로 이 부분이다. 본문 쓰기는 내용만큼이나 문장력도 중요하다. 아무리 좋은 내용이라도 문장력이 부족하면 표현할 수 없기 때문이다.

본문 쓰기는 계획을 세워서 하는 것이 좋다. 계획이 없으면 1년도 걸리고 2년도 걸린다. 책 쓰는 일보다 바쁜 일이 얼마나 많은가. 목차별로 언제까지 쓸 것인지 마감시간을 정해 놓아야 한다. 목차와 개요를 완성한 후 3개월 이내에 본문 쓰기를 마칠 수 있도록 계획을 세워야 한다.

5_ 서문, 맺음말 쓰기/책을 어떻게 소개할 것인가?

본문 쓰기를 마무리하면 서문과 맺음말을 써야 한다. 서문에서는 책을 잘 소개해야 한다. 책을 고르는 사람들은 서문과 목차를 보고 고를 때가 많다. 서문은 이 책을 읽으면 독자에게 어떤 이익이 있는지를 분명하게 알려 주는 글이다. 보통 책을 왜 썼는지, 이 책이 다른 책과 다른 것은 무엇인지, 이 책을 왜 읽어야 하는지, 이 책을 읽고 어떻게 활용해야 하는지, 이 책을 어떻게 구성하였는지를 쓴다. 맺음말에는 저자가 독자에게 마지막으로 해 주고 싶은 말을 쓴다.

6_ 제목 정하기/독자를 어떻게 유혹할 것인가?

제목이 좋아야 독자에게 선택받을 확률이 높다. 제목은 책을 쓰는 과정 내내 생각하며 몇 가지를 골라 놓는다. 물론 출판과정에서 출판사와 협의를 하지만 책으로 전하고자 하는 핵심 주제를 저자만큼 잘 아는 사람은 없으니 저자의 의견을 많이 반영한다. 호기심을 불러일으킬 만한 감각적인 제목만이 독자의 눈길을 사로잡을 수 있다. 서점 베스트셀러 진열대에 가서 잘 팔리는 책들은 어떻게 제목을 지었는지 살펴보는 것도 좋은 방법이다.

7_ 출간 제의/어떤 출판사에서 책을 낼 것인가?

원고를 거의 다 작성할 때가 되었다면 출판사를 알아봐야 한다. 초보 작가라면 아는 출판사가 없으니 쉽지 않을 것이다. 몇몇 출판사를 알아내 출간 제의를 한다고 해서 출판사가 모두 받아 주는 것은 아니다. 거절을 각오해야 한다. 책 내용이 좋고 독특해서 시장에서 팔릴 만한 주제라면 출판사는 거절하지 않을 것이다.

8_ 계약/언제쯤 책이 나올까?

출판사가 정해지면 계약을 한다. 인세는 얼마로 할지부터 저작권 문제 등 출판사가 준비한 계약서를 찬찬히 읽어 보며 서명하면 된다. 일반적으로 초보 작가들은 책 한 권 값의 8~10%를 인세로 받는다. 계약을 하고 나면 보통 3~6개월 후 책이 나온다.

9_ 교정/수정 · 보완할 것은 무엇인가?

원고에서 책이 나오는 데까지는 대개 2~3차례의 교정을 거친다. 그

과정에서 목차를 바꾸거나 내용을 대폭 수정하기도 하고, 제목을 바꾸기도 한다. 맞춤법에 안 맞는 것들도 이때 정리한다. 1차 교정, 2차 교정, 최종 교정을 거쳐 책이 완성된다.

10_ 디자인/독자의 시선을 어떻게 사로잡을 것인가?

제목이 정해지고 교정이 끝나면 표지 디자인을 하고 책을 읽기 좋게 디자인한다. 삽화나 사진도 넣는다. 작가가 마지막 교정본을 보고 좋다고 하면 인쇄에 들어간다. 내 경험에 따르면 출판사의 실력은 여기서 좌우된다. 활자도 읽기 편한 것을 고르고, 편집도 읽기 편하게 하는 것이 실력이다. 특히 표지 디자인은 제목과 함께 책의 첫인상을 결정하는 것이니 매우 중요하다.

11_ 출간/와우!! 출간 기념회는 언제하지?

모든 과정을 순조롭게 거쳐 왔다면 책이 출간된다. 그러면 출간기념회를 계획해야 한다.

좋은 책이란 어떤 것인가

당신은 어떤 책을 좋은 책이라 생각하는가?

수많은 책 중에는 한 번 읽고 나면 그만인 책이 있고, 다시 읽고 싶은 책이 있다. 나는 '다시 읽고 싶은 책'이 좋은 책이라고 생각한다. 다시 읽고 싶은 이유는 책마다 다르고 독자마다 다를 것이다. 그러나 대체로 감동을 주거나 지식을 얻을 수 있거나 재미있으면 다시 읽고 싶어진다.

문장력도 좋은 책의 조건이다. 아무리 좋은 내용이라도 읽어서 이해할 수 없다면 좋은 책이 아니다. 지루하고 따분해도 좋은 책이 될 수 없다. 좋은 책을 쓰려면 '풍부한 독서', '다양한 경험', '깊은 생각'이 필요하다.

1_ 풍부한 독서

좋은 책을 쓰기 위한 첫 번째 조건은 '풍부한 독서'다. 문장력이 아무리 좋아도 독서를 하지 않으면 좋은 책을 쓸 수 없다. 좋은 책은 마음의 울림이 있고, 교훈이 있으며, 무엇보다도 재미있다. 당신이 쓴 책이 좋은 책이 되려면 많이 읽어야 한다.

이것은 누가 가르쳐 주는 것이 아니다. 각자의 몫이다. 문장력은 좋은 내용을 잘 전달하는 수단이다. 그런데 좋은 내용은 생각하지 않고 문장력만 기르려는 사람이 있다. 그런 사람이 옛날에도 있었나 보다. 다산 정약용이 겪은 이야기를 보자.

다산이 한강가 마재에 살 때 일이다. 열아홉 살 난 이인영이라는 젊은이가 책 상자를 지고 다산을 찾아왔다. 무슨 일로 왔느냐고 묻자 젊은이가 대답했다.

"문장학을 배우고 싶습니다. 훌륭한 문장을 남길 수만 있다면 공명과 멀어져 평생을 불우하게 살아도 후회하지 않겠습니다. 저를 가르쳐 주십시오."

말하는 그의 눈이 반짝반짝 빛났다. 책 상자는 모두 기이하고 청신한 시문들로 가득 차 있었다. 점검해 보니 뱃속에 든 지식이 호리병에서 물이 흘러나오듯 거침이 없었다. 참으로 명민하고 똑똑한 젊은이였다. 다산은 그에게 이렇게 대답했다.

"자네 우선 거기 앉게. 내가 자네에게 말해 주겠네. 문장이란 무슨 물건일까? 학식은 안으로 쌓이고, 문장은 겉으로 펴는 것일세. 기름진 음식을 배불리 먹으면 살가죽에 윤기가 나고, 술을 마시면 얼굴에 홍조가 피어나는 것과 다를 게 없지. 그러니 어찌 문장만 따로 쳐서 취할 수가 있겠는가? 중화(中和)의 덕으로 마음을 기르고, 효우(孝友)의 행실로 성품을 다스려 몸가짐을 공경히 하고, 성실로 일관하되 중용을 갖춰 변함없이 노력하여 도를 우러러야 하네. 사서(四書)를 내 몸에 깃들게 하고, 육경(六經)으로 내 식견을 넓히며, 여러 사서(史書)로 고금의 변화에 통달하게 해야겠지.

예악형정(穢惡刑政)의 도구와 전장법도(典章法度)의 전고(典故)가 가슴속에 빼곡하여, 사물이나 일과 만나 시비가 맞붙고 이해가 서로 드러나게 되면, 내가 마음속에 자옥하게 쌓아 둔 것이 큰 바다가 넘치듯 넘실거려 한바탕 세상에 내놓아 천하 만세의 장관이 되게 하고 싶은 생각이 들게 되네. 그 형세를 능히 가로막을 수 없게 되면 내가 드러내려 했던 것을 한바탕 토해놓지 않을 수가 없게 된다네. 이를 본 사람들이 서로들 "문장이다!" 라고들 하니, 이런 것을 일러 문장이라 하는 것일세. 어찌 풀을 뽑고 바람을 우러르며 빠르게 내달려, 이른바 문장이라는 것만을 구하여 붙들어 삼킬 수가 있겠는가?

(중략)

바라건대 자네는 이후로 문장학에 뜻을 끊고, 서둘러 돌아가 늙으신 어머니를 봉양하게나. 안으로는 효우의 행실을 다하고, 밖으로는 경전 공부를 부지런히 하게나. 그래서 성현의 바른 말씀이 언제나 몸에 젖어 나를 떠나지 않도록 하게. 한편으로 과거시험 공부도 해서 몸을 펴기를 도모하고 임금을 섬기기를 바라야 할 것일세. 그리하여 밝은 시대의 상서로운 인물이 되고, 후세의 위인이 되도록 해야지. 경박한 기호로써 이 천금 같은 몸을 가볍게 버리지 말도록 하게. 진실로 자네가 고치지 않는다면, 차라리 노름하고 술집을 드나들며 노는 것이 또한 문장을 배우는 것보다 더 나을 걸세."

문장은 결과일 뿐 목적이 아니다. 문장은 얼굴 위에 오른 불콰한 낯빛에 불과하다. 배 속에 술기운이 없으면 얼굴은 붉어지지 않는다. 술은 한 방울도 안 마셨는데 얼굴만 붉어지는 법은 없다. 좋은 음식을 배불리 먹어 영양 상태가 좋아지면 피부는 기름이 자르르 흐른다. 아무것도 먹지 않으면서 살결만 고와지는 경우는 없다. 바탕 공부는 그러니까 맛난 음식의 영양분이고 향기로운 술의 더운 기운이다. 문장은 그것이 얼굴 위로 드러난 윤기요 홍조일 뿐이다. 그러니 문장학이라는 것이 따로 있다고 착각하지 마라. 따로 존재할 수 없는 문장을 좇아 천금 같은 세월을 허송하느니, 차라리 술집에 가서 기생을 끼고 노름하고 술 마시는 것이 더 나을 것이다.

『다산선생 지식경영법』, 정민, 김영사

아무런 목적도 없이 시간을 때우려고 책을 읽는 것은 심심풀이밖에 되지 않는다. 성공하는 사람들은 목적을 정하고, 그 목적에 맞는 책을 집중적으로 읽었다. 그리고 자기 분야의 전문가가 되었다. 주변을 보면 무엇인가 잘하는 사람을 만날 수 있다.

예를 들어 골프를 친다고 하자. 어떤 사람은 골프를 잘 치지만 남에게 가르쳐 주지는 못한다. 그런데 어떤 사람은 골프를 잘 치면서도 잘 가르치는 사람이 있다. 내가 아는 분 중에도 그런 분이 있는데 주변 사람들에게 골프 스승으로 통한다. 도대체 원인이 뭔가 관찰해 보았더니 골프에 관한 책을 많이 읽고, 신문에 골프 관련 칼럼이 나오면 모두 스크랩을 하고 있었다. 이렇게 하니 이론과 실기를 모두 잘할 수 있었던 것이다.

내 경험을 보아도 한 분야의 책을 약 100권 정도 읽으면 어느 정도 전문가가 되는 것 같다. 전문가가 된다는 의미는 정해진 주제에 자신의 관(觀)이 생겼다는 말이다. 세일즈 기법 책 100여 권을 읽으니 어느 정도 나만의 생각이 생겼고, 사람들에게 교육할 수 있게 되었으며, 책을 쓸 만큼이 되었다. 그리고 실제로 책도 썼다.

『프로페셔널의 조건』에 나오는 피터 드러커의 독서 방법을 한번 보자.

나는 남은 오후 시간과 밤 시간을 이용해 공부하기 시작했다. 국제 관계와 국제법, 사회제도와 법률제도의 역사, 일반 역사, 재무 등에 관해 공부했다. 공부를 하면서 차츰 나만의 공부법도 개발하게 되었는데, 나는 지금까지도 그 방법을 이용하고 있다.

나는 3년 또는 4년마다 다른 주제를 선택한다. 그 주제는 통계학, 중세 역사, 일본 미술, 경제학 등 매우 다양하다. 3년 정도 공부한다고 해서 그 분야를 완전히 터득할 수는 없겠지만, 그 분야가 어떤 것인지를 이해하는 정도는 충분히 가능하다. 그런 식으로 나는 60여 년 이상 동안 3년 내지 4년마다 주제를 바꾸어 공부를 계속해 오고 있다.

이 방법은 나에게 상당한 지식을 쌓을 수 있도록 해 주었을 뿐만 아니라, 나로 하여금 새로운 주제와 새로운 시각 그리고 새로운 방법에 대해 개방적인 자세를 취할 수 있도록 해 주었다. 그도 그럴 것이, 내가 공부한 모든 주제들 각각은 서로 상이한 가정을 하고 있었고, 또한 서로 다른 방법론을 사용하고 있었다.

『프로페셔널의 조건』, 피터 드러커, 청림출판

이렇게 주제를 정해서 집중적으로 독서하는 습관이 중요하다. 당신이 관심을 가진 주제는 무엇인가? 그 주제에 매달려야 한다. 그러다 보면 자연스럽게 책을 쓸 수 있다.

2_ 다양한 경험

좋은 책을 쓰기 위한 두 번째 조건은 '다양한 경험'이다. 경험은 책을 쓰는 데 매우 중요한 요소다. 경험만큼 쓸모 있는 지식은 없다. 당신이 쓰는 책에 당신의 이야기가 녹아 있지 않으면 재미가 없다. 감동도 없다. 내가 쓴 세일즈 관련 책들은 세일즈를 경험하지 않았다면 도저히 쓸 수 없었을 것이다. 경험이 책 속 곳곳에 녹아 있으니 좋은 책으로 평가받는 것이다. 또한 내가 책을 쓴 경험이 없었다면 어떻게 이 책을 썼겠는가.

『사기』를 쓴 사마천을 보면 경험이 얼마나 중요한지 금방 알 수 있다. 『현자들의 평생 공부법』에 나오는 사마천의 이야기를 보자.

열아홉 살 무렵 사마천의 집은 시골 한성에서 수도 장안 근교 무릉(茂陵)으로 이사했다. 그 무렵 사마천은 당시 명망 높은 유협(遊俠) 곽해(郭解)를 잠깐 만나게 된다. 사마천은 곽해를 보고 강한 인상을 받았다. '그 행위가 꼭 정의에 부합하지 않아도 그 말에 믿음이 있고, 행동에는 결과가 있으며, 한 번 약속한 일은 반드시 성의를 다해 실천하고, 자기 몸을 아끼지 않고 남에게 닥친 위험 속으로 뛰어드는' 유협 곽해의 모습에서 젊은 사마천은 자신의 내면에 잠재되어 있는 협기(俠氣)를 느꼈다.

그렇게 해서 『사기』 130권 중에서도 가장 강렬한 「유협열전(遊俠烈傳)」이 탄생할 수 있었다. 어릴 때부터 현장을 답사한 경험과 자료를 모으고 이를 정리하는 실질적 공부 과정을 밟았기 때문에 19세에 유협 곽해를 만난 뒤 오늘날로 보자면 조직폭력배 두목들의 기록인 「유협열전」이라는 파격적인 열전을 구상할 수 있었던 것이다. 그는 「유협열전」을 쓴 동기에 대해 이렇게 말하고 있다.

"곤경에 처한 사람을 구하고 빈곤한 사람을 구제하는 것은 어진 사람의 자세다. 믿음을 잃지 않고 약속을 저버리지 않는 것은 의로운 사람이 취하는 행동이다. 이에 「유협열전」을 지었다."

사마천의 나이 스물에 아버지는 아들에게 천하 여행을 강력하게 권한다. 역사학자로서 아들의 자질을 확신한 아버지는 성년이 된 지금이야말로 역사의 현장을 구석구석 찾는 대여행이 필요하다 판단한 것 같다. 사마천은 아버지의 의도를 이해했고, 그 권유를 온마음으로 받아들였다.

스무 살 약관 때부터 3년간 이어진 여행은 당시 한나라 제국 전역을 포괄하는 300만 제곱킬로미터에 이르는 대장정이었다.(남북한을 합친 면적이 약 20만 제곱킬로미터) 사마천은 이 여행에서 여러 차례 곤경에 처한다. 심지어 목숨을 위협 받는 상황도 있었다. 하지만 사마천은 포기하지 않았고 역사에 유형·무형의 흔적을 남긴 수많은 사람의 족적을 일일이 확인했다.

그 결과 『사기』의 현장성과 사실성은 그 어떤 역사서보다 높다. 이런 실증적 정신이 없었다면 어떻게 한나라 고조 유방이 젊은 날 자주 찾은 술집 이름과 그 일화가 남을 수 있었겠는가. 사마천의 여행은 『사기』의 성공을 담보한 위대한 걸음걸음이었다. 사마천은 이때의 여행을 다음과 같이 기록했다.

"스무 살에는 남쪽으로 장강과 회화로 여행하며 회계산에 올라 우혈을 탐방

한 다음 구의산을 살피고, 원강과 상강 두 강은 배를 타고 돌았다. 북으로 올라가 문수와 사수를 건너 제나라와 노나라 수고에서 유가의 학술을 배우며 공자의 유풍을 살폈다. 추와 역 지방에서는 향사를 참관했다. 파·설·팽성에서는 곤욕을 치렀고, 양·초를 거쳐 돌아왔다."

『현자들의 평생 공부법』, 김영수, 역사의 아침

당신도 경험한 것은 바로바로 메모하고 그때그때 정리해야 한다. 머리는 결코 펜을 따라올 수 없다. 기억에는 한계가 있다는 뜻이다. 무엇이든지 보고 듣고 관찰한 것은 그때그때 메모해야 한다. 책을 쓰지 않을 것이면 그럴 필요가 없다. 책을 쓰겠다고 하니 하는 말이다.

다음은 내가 경험한 사례다. 내가 쓴 『한 번 더 세일즈』에 실려 있는 글이다.

그때가 2월 말이라서 날씨가 쌀쌀했다. 수원역 앞으로 가서 오산 가는 버스를 탔다. 자리에 앉아서 가방을 무릎 위에 올려놓고 차창 밖을 보는데 내 신세가 너무 처량했다. '내가 보험 영업이나 하려고 대학을 나왔나?' 하는 생각에 갑자기 울컥했다. 그때 결심했다. '그래, 내 인생 이게 끝이 아니다. 난 진짜 멋진 인생을 살 거야!' 하고 말이다.

가장 먼저 간 곳은 화성군청이다. 당시는 화성군청이 오산시 안에 있었다. 화성군청은 앞쪽에 민원실이 있는 건물이 한 동, 뒤쪽에 3층짜리 건물이 한 동 있었다. 먼저 뒤에 있는 건물로 가서 영업을 하기로 마음먹었다. 1층에서 사무실 출입문을 열고 들어가야 하는데 도저히 문을 열고 들어갈 자신이 생기지 않았다.

그래서 2층으로 올라갔다. 2층에서도 문을 열고 들어갈 자신이 없어 다시 3층으로 올라갔다. 총무과! 막다른 길에 들어섰는데도 출입문을 열고 들어갈 수가 없었다. 화장실로 가서 거울을 보고 넥타이를 매만지고 머리를 정돈하는 등 괜히 시간을 끌며 마음을 다잡고 다시 총무과 앞에 섰는데 역시나 문을 열고 들어갈 용기가 나지 않았다.

문을 열어 놔서 사무실 안을 볼 수만 있다면 상황 판단을 하고 들어가기 쉬울 텐데, 겨울이다 보니 사무실마다 문을 꼭꼭 닫아 놓았다. '여기서 문 열고 들어가지 못하면 더 이상 보험 영업을 할 수 없다! 내일부터 출근하지 말아야 한다!' 하면서 한참을 망설이는데 직원으로 보이는 분이 나오면서 어떻게 왔느냐고 묻는 게 아닌가.

"아… 예… 그냥 뭐….'

이렇게 대충 얼버무리고 말았다.

그렇게 총무과 출입문 앞에서 30분 정도 망설이다가 간신히 문을 열고 들어갔다. 사무실 안은 조용했다. 조용하니 더 주눅이 들었다. 아무 말도 못하고 명함을 붙인 안내장을 한 사람 한 사람의 책상 위에 조용히 올려놓고 나왔다. 아무도 내게 말을 걸지 않았다. 누구라도 "이게 뭐예요?" 하고 물어나 봐 주면 열심히 상품 설명을 할 수 있었을 텐데 질문하는 사람이 없으니 그냥 나올 수밖에. 그렇게 화성군청 사무실 전체를 다 돌아다녔지만 계약은 한 건도 못했다.

『한 번 더 세일즈』, 오정환, 호이테북스

독자가 고개를 끄떡이고 공감하는 데는 저자의 경험만 한 게 없다.

그렇다고 책 한 권을 모두 자기 경험으로 채울 만큼 다양한 경험을 한 사람은 드물 것이다. 다른 사람의 경험을 빌려 오는 것도 좋은 방법이다. 다음을 보자.

20대 중반의 어느 젊은 기업가가 GE 전 사장 잭 웰치에게 물었습니다.

"당신이 제 나이였을 때 다른 동료들보다 높이 올라가기 위해 어떤 일을 하셨나요? 어떻게 해서 그 시대 젊고 야망 넘치고 성공 지향적인 다른 동료들 사이에서 두드러질 수 있었습니까?"

잭 웰치가 이렇게 답했습니다.

"여러분이 먼저 이해해야 할 것은 무리에서 빠져나오는 것입니다. 여러분이 상사의 눈에 드는 유일한 방법은, 다음의 간단한 원칙을 이해하는 것입니다. 상사가 여러분에게 질문을 던지고, 기본적인 프로젝트를 할당하거나 어떤 자료를 모아 오라고 할 때 자신이 찾는 답을 이미 알고 있습니다. 상사가 여러분에게 질문을 던질 때 그 질문은 상사가 생각하고 있는 것 이상의 아이디어와 생각을 위한 출발점이 되어야 합니다. 여러분이 높이 오르고 싶으면 여러분의 생각과 시간을 그 질문에 답변하는 것에만 쏟지 말고 그 이상으로 나아가야 합니다. 상사의 생각에 부가가치를 더해 주는 것입니다. 상사가 이전에 생각하지 못한 세 가지 이상의 다른 생각과 선택 의견을 제시하는 것입니다. 전 직원 99.9%가 무리 속에 있는 것은 그들이 생각을 하지 않기 때문입니다."

『생각의 법칙10+1』, 존 맥스웰, 청림출판

다시 한 번 강조하지만 책을 쓸 때 경험만큼 좋은 이야깃거리는 없다. 이야깃거리는 우선 책을 재미있게 하고 감동을 준다. 대학교 전공 교과서 같은 책은 독자에게 재미와 감동을 줄 수 없다. '7장. 재미있는 책을 쓰는 방법'에서 경험이 왜 중요한지 다시 이야기하겠다.

3_깊은 생각

좋은 책을 쓰려면 생각을 많이 해야 한다. 책은 결국 내 생각을 풀어내는 것이 아닌가. 책 쓰기는 생각을 글로 담아내는 과정이다. 생각이 없으면 책을 쓸 수 없는 것은 당연한 이치다. 깊이 있는 생각은 독서를 해야 가능하다. 책을 많이 읽는 사람이 생각을 많이 하고, 생각을 많이 하는 사람이 책을 쓸 수 있다. 독서와 생각이 어떻게 연결되는지 니콜라스 카가 쓴 『생각하지 않는 사람들』에서 단서를 찾아보자.

킹스칼리지런던의 심리학 연구원인 본 벨은 비교적 방해 받지 않고 하나의 일에 집중할 수 있는 능력은 우리의 정신 발전 역사에서 불가사의하면서도 이례적인 일이라고 적었다.

물론 많은 사람들은 책이나 알파벳이 등장하기 훨씬 이전부터 지속적인 집중력을 키워 왔다. 사냥꾼, 장인, 수도사 등은 모두 관심을 통제하고 집중할 수 있도록 뇌를 훈련시켜야 했다. 책을 읽는 데 있어 매우 특이할 만한 점은 깊은 집중이 매우 활발하고 효율적인 문자 해석 활동 그리고 의미를 파악하는 활동과 협력한다는 것이다.

인쇄된 책을 읽는 행위는 독자들이 저자의 글에서 지식을 얻기 때문만이 아니라 책 속의 글들이 독자의 사고 영역에서 동요를 일으키기 때문에 유익하다.

오랜 시간 집중해서 읽는 독서가 열어 준 조용한 공간에서 사람들은 연관성을 생각하고 자신만의 유추와 논리를 끌어내고 고유한 생각을 키운다. 깊이 읽을 수록 더 깊이 생각한다.

중세 주교인 시리아의 아이작은 혼자 독서를 할 때마다 "꿈을 꾸는 것처럼 나의 감각과 생각이 집중되는 경지에 들어간다. 그리고 이 침묵의 긴 시간과 함께 기억의 폭풍은 마음속에서 잠잠해지고, 멈추지 않는 깊은 사고로부터 즐거움의 물결이 전해지고, 갑자기 예상치 않은 기쁨이 가슴속에서 일어난다." 라고 적었다. 책을 읽는 것은 깊이 생각하는 행위이지 마음을 비우는 행위가 아니다.

『생각하지 않는 사람들』, 니콜라스 카, 청림출판

독서를 해 본 사람은 고개를 끄덕일 것이다. 책을 읽다 보면 평소 풀리지 않던 문제가 번쩍 하고 풀리기도 하고, 의식이 확장되며 새로운 아이디어가 떠오르기도 한다. 물론 깊은 독서를 해야 가능한 일이다. 다산 정약용의 독서 태도를 보자.

잠심완색(潛心玩索)은 마음을 온통 쏟아 음미하고 사색하는 것이다. 잠심(潛心)은 마음을 그 속에 푹 담그는 것이다. 물 속에 잠겨 있듯 그 속에서만 있는 것을 말한다. 완색(玩索)은 아이들이 완구(玩具)를 가지고 놀 듯 항상 몸에서 떼어놓지 않고 그 의미를 탐색하는 것이다. 공부에는 자신 있던 다산도 주역만큼은 만만하지 않았던 모양이다. 그리하여 다산은 모든 책을 다 걷어치우고 『주역』만 옆에 놓은 채 잠심완색을 거듭했다. 다음 내용을 보면 다산이 어떻게 했는지 잘 나와 있다.

"이에 여러 가지 예서를 다 거두어 넣어두고 오로지 『주역』 한 부만 가져다가 책상 위에 얹어 놓고 마음을 쏟아 깊이 탐구하며 밤으로 낮을 이었지요. 계해년 3월부터는 눈으로 보고 손으로 만지며 입으로 읊조리는 것, 마음으로 사색하고 필묵으로 베껴 적는 것에서 밥상을 마주하고 뒷간으로 가고 손가락으로 퉁기고 배를 문지르는 것에 이르기까지 어느 것 하나 『주역』이 아닌 것이 없었습니다."

『다산 선생 지식경영법』, 정민, 김영사

이런 각오가 없었다면 다산 정약용이 어떻게 대가가 될 수 있었겠는가? 쉬운 책만 골라 읽는 사람들이 있다. 어려운 책은 몇 장 읽고 포기하는 사람들의 이야기도 많이 들었다. 자신의 수준에 맞는 책만 읽으면 어떻게 수준을 높일 수 있겠는가? 때로는 자신의 지적 능력보다 어려운 책을 끼고 읽고 생각하고 몰입하는 것도 필요하다.

풍부한 독서를 하고, 다양한 경험이 있고, 깊은 생각을 하는 사람이라면 좋은 책을 쓸 수 있다. 사실 이 세 가지 조건이 충족되지 않는 사람은 책을 쓰고 싶어도 쓸 수 없다. 책은 자신의 지식과 경험과 생각을 총정리하는 것이기 때문이다.

그다음에 필요한 것은 문장력이다. 독자들이 책을 읽으며 공감하고 재미를 느끼고 지식을 얻을 수 있도록 풀어내는 실력이 문장력이다. 좋은 내용을 위한 세 가지 조건(독서, 경험, 생각)을 갖추는 게 짧은 시간에 할 수 없듯이 문장력도 많은 시간을 투자해야 한다. 많이 써 보는 것이 상책이다. 여기서는 짧게 이야기하고 '7장. 재미있는 책을 쓰는 방법'과 '8장. 술술 읽히는 책을 쓰는 방법'에서 자세히 다룰 것이다. 좋은 글은 일단 쉽다. 그리고 글이 간결하며 우리 어법에 맞아야 한다. 먼저 쉬운 글이란 무엇인지 살펴보자.

4_ 쉬운 글

문장력의 첫 번째 조건은 '쉬운 글로 쓰는 것'이다. 어려운 말을 섞어 써야 좋은 글인 줄 착각하는 사람들이 있다. 전혀 그렇지 않다. 글은 다른 사람이 읽어 줘야 빛이 나는 법이다. 심리학자이면서 노벨경제학상을 수상한 대니얼 카너먼은 『생각에 관한 생각』에서 쉬운 글에 대한 자신의 생각을 남겼다.

신뢰할 수 있고 지적인 사람으로 대우받고 싶다면 복잡한 단어 대신 간결하고 명료한 단어를 사용하라. (중략) 현학적 언어로 쉬운 생각을 표현하는 것은 화자가 지능이 모자라고 신뢰도가 낮다는 걸 보여 주는 신호다.

『생각에 관한 생각』, 대니얼 카너먼, 김영사

어렵게 쓰면 읽는 사람이 부담스럽다. 술술 읽혀야 좋은 글이다. 글이 쉬우려면 쉬운 단어를 써야 한다. 외국어 · 한자어 · 전문용어를 빼고 써야 한다. 자신의 학식을 뽐내려고 어려운 말, 전문적인 단어로 글을 쓴다고 돋보이지 않는다. 돋보인다 하더라고 읽는 사람이 없으면 아무 쓸모없다. 글의 주인공은 글쓴이가 아니라 글을 읽는 사람이다.

그러므로 모든 글은 읽는 사람에게 맞춰야 한다. 다음 두 글을 비교해
보자.

강점은 산업 경쟁력의 핵심으로, 재능·기술·지식 등의 조화에서 표출하는
극한의 능력을 발휘하는 노하우로, 기업과 국가의 브랜드의 가치를 높일 뿐만
아니라 미래를 이끌 동력이다.

「조선일보」, 2013. 07. 15

글쎄다. 살아 보니 정신적으로는 많이 외로웠지만 육체적으로는 그다지 괴
롭고 고생스럽지는 않았다. 세월이 흘러 서울에 다니러 온 우리는 곱창집에서
그녀를 다시 만났다. 내가 또 물었다. 난 외국 생활이 그다지 고생바가지도 아
니고 괴롭지도 않던데 무엇이 그리 힘들었는지를.
  "일일이 빨래도 다 혼자 해야 하고, 시장도 혼자 봐야 하고, 외식할 곳도 마땅
치 않고, 집안일 도와줄 사람도 없고……." 유학생이라면 당연히 직접 해야 하
는 그런 일들. 친구와 난, 받아들이는 게 많이 달랐나 보다. 그 당시 내게 미국
생활은 천국과도 같이 편한 곳이었기에 말이다.

「중앙일보」, 2013. 08. 27

앞의 글은 '표출', '극한', '노하우', '브랜드' 같은 어려운 한자어과 영
어를 분별없이 쓰고 있다. 뒤의 글은 어려운 한자말이나 외국어가 하
나도 없다. 그러니 그냥 술술 읽을 수 있다. 좋은 책은 술술 읽혀야 한
다. 하나 더 살펴보자.

여행사 상품을 관심 있게 볼 때가 많다. 특히 유럽 여행을 눈여겨본다. 보통 9박 10일 또는 12박 13일 상품이다. 가격도 제법 저렴하다. 하지만 내용을 보면 실속이 없다. 보통 6개국에서 7개국을 간다. 제주도도 3박 4일은 여행하는데 10일 동안 어떻게 6개국을 여행할 수 있겠는가.

구미에 사는 친구는 남편 회사 동료가 열흘 동안 천만 원을 들여 유럽으로 가족여행을 다녀왔는데 참 좋다고 자랑해서 부러웠단다. 뭐가 제일 좋았느냐고 물으니 대답을 못하더란다. 뭐가 기억에 남았느냐고 하니 차에서 잠만 잤다고 했단다. 친구한테 부러워하지 말라고 했다. 여행 가고 싶으면 배낭여행 다녀오라니까 "너는 가 봤으니까 그런 말 하지." 하고 통을 놓았다.

텔레비전에서 어떤 강사가 했던 말이 기억난다. 그 강사가 독일에 살 때 지인들이 여행을 오면 지동차를 빌려 2주 정도 쓰는데 보통 5천 킬로미터를 주행한다고 한다. 그러면 렌트카 직원이 이렇게 묻는단다.

"한국인이시죠?"

"네, 어떻게 아세요?"

"2주 동안 5천 킬로미터를 주행하는 사람들은 한국인밖에 없어요. 그게 무슨 여행이에요?"

김수연, '무조건 책 한 권 쓰기' 수강생

어떤가? 술술 읽히지 않는가? 어려운 말이나 전문 용어를 쓰지 않고도 머릿속에 있는 것을 꺼내 놓을 수 있어야 고수다. 독자가 한 번 읽고 이해를 못해 다시 한 번 읽어야 한다면 일단 좋은 글이 아니다.

5_ 간결한 글

문장력의 두 번째 조건은 '간결하게 쓰는 것'이다. 한겨레 구본준 기자가 쓴 『한국의 글쟁이들』에는 정민 교수가 한시를 번역할 때 스승인 이종은 교수에게 첨삭 지도를 받은 사연이 나와 있다.

정 교수는 한시 공산목락우수수(空山木落雨繡繡)를 '텅 빈 산에 나뭇잎은 떨어지고 비는 부슬부슬 내리는데' 라고 번역을 했다. 그러자 이 글을 본 이종은 교수는 정 교수에게 대뜸 "야, 사내자식이 왜 이렇게 말이 많아?" 라고 면박부터 줬다. 그리고 '空(공)' 자를 손가락으로 짚더니 물었다.

"여기 텅이 어딨어?"

그리고는 텅을 지웠다. 그다음 이 교수는 번역문 속 나뭇잎에서 나무를 빼버리며 다시 물었다.

"잎이 나무인 것을 모르는 사람도 있니?"

다음에는 '떨어지고' 에서 다시 '떨어' 까지 지웠다. '부슬부슬 내리는데' 에서는 '내리는데' 를 덜어 냈다. 결국 이것저것 빼고 나니 남는 것은 '빈 산 잎 지고 비는 부슬부슬' 이었다.

『한국의 글쟁이들』, 구본준, 한겨레출판

군더더기를 없애고 글을 깔끔하게 정리한다는 것이 무엇인지 잘 알려 주는 일화다. 간결하게 쓴다는 것은 무슨 뜻일까? 일단 짧게 써야 한다. 한 문장에서는 글자 수가 50개를 넘지 않는 게 좋다. 복문, 중문을 많이 써서 글이 길어지면 마침표를 읽을 때 앞에서 무슨 말을 했는지 가물가물해진다. 한 문장에 하고 싶은 말은 하나씩만 들어가면 된다. 또한 불필요한 수식어나 군더더기를 빼면 읽기가 쉽다. 다음 예문을 보자.

전략의 원래의 의미는 군사적인 의미이며 군대에서의 전략은 전쟁 상황에 기초하고 있다. 전쟁 상황에서 전략을 세운다는 것은 이 전략을 통해서 이 전쟁에서 이겨야 한다는 분명한 의식이 필요하며 전략이 필요한 분명한 이유는 목표 달성을 보다 효율적으로 달성하기 위함이다. 따라서 전략은 도구이지 그 자체가 목적이 될 수 없다. 목표가 바뀌면 당연히 전략도 바뀌어야 하고, 영업 상황이 변하면 이에 따라서 적절한 전략으로 전환되어야 하므로, 따라서 전략이란 그 단어가 주는 딱딱한 뉘앙스보다 훨씬 더 유연하고, 유동적이고, 목표 지향적이어야 한다.

이 글을 읽고 바로 이해할 수 있는 사람이 몇이나 될까? 쉽게 이해되지 않는 이유는 문장이 길고 단어가 어려우며, 없어도 되는 단어가 많기 때문이다. 이 문장을 간결하게 고쳐 보자.

전략은 원래 군사적인 의미다. 군대에서 전략은 전쟁 상황에 기초한다. 전쟁 상황에서 전략을 세울 때는 전쟁에서 이겨야 한다는 분명한 생각이 있어야 한다. 전략이 필요한 이유는 목표를 효율적으로 달성하기 위함이다. 따라서 전략은 도구이지 목적이 아니다. 목표가 바뀌면 전략도 바꿔야 하고, 영업 상황이 변하면 전략도 바꿔야 한다. 전략은 유연하고, 유동적이며, 목표 지향적이어야 한다.

군더더기와 불필요한 수식어를 없애고 문장을 짧게 잘랐더니 읽기
가 쉬워지고 뜻도 머릿속으로 바로 들어온다. 두 문장짜리 글을 일곱
문장으로 나눴다. 불필요한 단어를 없애니 글자 수도 줄었다. 문장도
이렇게 다이어트를 해야 좋다. 다음 예문을 보자.

▷몸이 **지치게 되면** 세일즈 활동에 대한 의욕이 **떨어지게 되고**, 고객과 만나
　는 횟수 또한 **줄어들게 된다.**

'~게 된다'가 세 번 연속해서 나온다. 이런 표현은 글이 늘어져서 글
의 힘을 떨어뜨린다. 다듬으면 다음과 같은 문장이 된다.

▶몸이 지치면 세일즈 활동에 의욕이 떨어지고 고객을 만나는 횟수도 줄어
　든다.

글자 수가 40개에서 31개로 줄었다. 같은 내용을 전달하는 문장이
지만 중복과 군더더기를 없애면 글의 힘이 살아난다. 다음 문장을 보
면 글을 짧게 끊는 것이 어떤 것인지 금방 알 수 있다.

개성공단 실무협상이 결렬되었다. 문득 60년 전이 떠올랐다. 휴전협상 말이
다. 1951년 3월쯤 38선 근처에서 전선이 교착되었다. 휴전협상은 그해 7월에

시작되었다. 그런데 왜 2년이나 협상이 계속되었을까? 영화 〈고지전〉에 나오는 대사처럼, 너무 오래되어 싸우는 이유도 잊어버릴 만큼 전쟁에 몰두한 이유가 무엇인가? 1953년 7월27일 그날 휴전협정 서명은 오전 10시에 했는데, 왜 그날 밤 10시까지 포성이 멈추지 않았을까? 서명 이후 12시간의 발효 시점까지 그렇게 전쟁을 계속한 이유가 무엇일까? 휴전협상은 협상이 아니었다. 또 다른 전쟁이었다.

(중략)

분단국가에서 온 우리에게 그는 말했다. 적과 화해하고 싶다면 만나라. 그래야 신뢰가 쌓인다. 그러면 문제를 해결할 수 있다고. 누구나 알 수 있는 협상의 길이다. 또한 그것이 그들에게도 우리에게도 시대의 요구다.

「한겨레」, 2013. 08. 01

다음 글은 꽤 길지만 한 문장이다. 첨삭 지도를 하다 보면 이런 문장을 많이 만난다.

'행복한 부모가 행복한 아이를 만든다.' 는 말처럼 아이들이 행복하려면 교사들이 행복해야 하고 교사들이 행복하려면 어린이 집을 운영하기에 경제적인 어려움이 없어 교사들에게 일한 만큼의 대가를 줄 수 있어야 하며 선장 역할을 하고 있는 원장들이 교육자로서 자부심을 느끼며 창의적이고 미래지향적인 안목으로 안정된 마음을 가져야 한다.

이 글을 다음의 글처럼 나누고 일부를 고쳐 보았다. 한 문장짜리를 네 문장으로 나누었다.

'행복한 부모가 행복한 아이를 만든다.' 는 말이 있다. 아이들이 행복하려면 교사들이 행복해야 한다. 그러려면 어린이 집을 운영하기에 경제적인 어려움이 없어 교사들이 일한 만큼 대가를 받아야 한다. 아울러 교사들이 교육자로서 자부심을 느끼며 창의적이고 미래지향적인 안목으로 일하려면 선장 역할을 하는 원장들이 안정된 마음을 가져야 한다.

6_ 올바른 글

문장력의 세 번째 조건은 '올바르게 쓰는 것'이다. 글을 올바른 표기법으로, 우리말 어법에 맞게 쓰는 것은 당연하다. 아무리 좋은 내용이라도 어법이 바르지 못하면 좋은 글이 될 수 없다. 맞춤법과 띄어쓰기를 잘못하면 글을 오해할 수도 있다. 번역 투 따위의 글은 읽기에 자연스럽지 않다.

특히 어릴 때부터 시작한 영어 공부 때문에 영어 번역 투의 글이 많다. 이 부분은 뒤에서 많이 다룰 것이므로 여기서는 흔히 쓰는 '~으로의', '~으로서의', '~와의' 정도만 이야기하려고 한다. 이 표현은 이제 신문이나 방송 제목으로 쓰여 마치 옳은 말처럼 되었지만 쓰지 말아야 할 말들이다. '범죄와의 전쟁', '감옥으로부터의 사색', '인간으로서의 가치' 같은 표현은 적절하게 바꿔 써야 한다.

▷ 이와 같이 중간적인 단계에서의 문화는 일종의 혼합문화의 형태를 취하게

　　된다.

▶이와 같이 중간적인 단계의 문화는 일종의 혼합문화의 형태를 취하게
　 된다.

▷오늘의 현실을 구체적으로 예시하고, 앞으로의 전망을 유추, 연상 또는 상
　 상할 수 있는 사례를 제시한다.

▶오늘의 현실을 구체적으로 예시하고, 앞날의 상황을 유추, 연상 또는 상상
　 할 수 있는 사례를 제시한다.

▷비로소 역사와의 단절이 가능해질 따름이다.

▶비로소 역사와 단절할 수 있다.

　정리해 보자. 좋은 책을 쓰려면 좋은 내용과 문장력이 필요하다. 좋은 내용을 쓰려면 독서·경험·생각이 바탕이 되어야 하며, 문장력을 높이려면 쉬운 글·간결한 글·올바른 글로 써야 한다. 이 책을 집어 들고 책을 쓰겠다고 마음먹은 사람이라면 독서·경험·생각은 어느 정도 갖추고 있을 것이다. 혹 이것이 부족한데 책을 쓰고 싶어 한다면 욕심이다. 이 세 가지를 갖추고 있는 사람이라면 이제 글의 힘을 키우기 위해 노력해야 한다. 글쓰기 연습이 필요하다.

　앞에서 말했듯이 나는 글쓰기 연습을 신문사에 투고하는 것으로 시작했다. 글쓰기 훈련은 이만한 게 없다. 내 주변에 글을 발표할 만한 매체가 있는지 찾아보라. 일간지도 좋고 주간지도 좋다. 요즘은 시·

군·구마다 지역신문을 많이 발행하고 있다.

그런 곳에 문을 두드려 보자. 나처럼 무작정 원고를 보내는 방법도 있으나 미리 전화하여 자신을 소개하고 주 1회, 아니면 격주로 글을 보내겠다고 이야기해 보라. 대부분 환영할 것이다. 한국지역신문협회 홈페이지(http://klpa.net)를 방문하면 당신이 사는 동네에서 어떤 신문이 발행되고 있는지 알 수 있다.

글쓰기 연습법

탄탄한 글쓰기 연습법

나 같은 음치도 없을 것이다. 중학교 때까지도 '도레미파솔라시도'가 그냥 한 음으로 들렸다. 내가 노래를 부르면 모두 웃었다. 노래를 책 읽는 것처럼 한다고 하는데 그 말을 이해할 수 없었다. 음치에서 벗어나려면 악기를 배워야 한다는 말을 들었다. 다행히 집에 형이 사놓은 기타가 있어 고등학교 1학년 때 독학으로 기타를 배우기 시작했다.

그런데 문제가 있었다. 기타 줄을 맞출 수 없으니 음을 익힐 수가 없었다. 가끔 형이나 친구가 줄을 맞춰 주면 동요 같은 쉬운 노래부터 코드를 잡으며 연습했다. 하루에 한 시간씩 규칙적으로 연습했다. 손가락에 굳은살이 생기도록 연습하여 코드는 빠르게 잡을 수가 있는데 음이 맞는 건지 구별이 안 되었다. 그러니 그냥 노래를 부르며 할 수밖에.

음이야 맞거나 말거나 나는 연습을 계속했다. 놀라운 것은 이렇게 엉터리 같이 하는 중에도 실력이 늘기 시작했다는 사실이다. 나중에는 피아노 건반을 치며 기타 줄을 맞출 수 있게 되었는데, 음감이 좋은 사람에게는 아무것도 아닌 것이 내게는 기적이었다. 내가 그때 느낀 것은 아무리 타고난 재능이 없더라도 꾸준히 연습하면 웬만큼은 할 수 있다는 것이었다. 내가 기타를 배우며 노래 연습을 한 것이 유명한 가수가 되려고 한 것은 아니지 않는가.

글쓰기도 마찬가지다. 혹시 글 쓰는 데 타고난 재주가 없다고 생각하는 사람도 있을 것이다. 없어도 내가 음치였던 것만큼 없겠는가. 지금 백지에 한 줄조차 쓰기 버거운 사람이라도 괜찮다. 연습하면 된다. 그동안 글을 써 본 경험이 없으니 당연히 힘들다. 다시 한 번 강조한다. 연습하면 된다. 하물며 책을 쓰겠다고 이 책을 집어 든 당신이라면 글쓰기 연습은 필수다.

글쓰기는 재능이 아니라 기술이라고 말했다. 기술은 누구나 익히면 얻을 수 있는 재주다. 글은 자기의 생각이나 느낌 혹은 지식을 풀어내는 것인데 아무리 내용이 근사해도 읽기 어렵거나 지루하면 누가 읽겠는가. 그러므로 책을 쓰려는 사람은 '읽을 수 있는 글'을 쓸 수 있어야 한다. 연습이 필요한 이유다. 여기서는 글쓰기 연습을 위한 몇 가지 방법을 소개하려고 한다.

사실 책을 쓰겠다는 생각으로 이 책을 읽는 사람이라면 이 단계는 뛰어 넘었을 것이다. 하지만 글쓰기가 부족해도 책을 내고 싶은 사람이 있다. 이런 사람들은 대필을 부탁하거나 출판사에서 글을 다듬어 주는 윤문작가에게 맡기기도 한다. 하지만 책은 직접 써야 성취감이

든다. 대필은 양자를 들이는 것이고, 윤문은 대리모로 아이를 낳는 것이다. 내 배가 아파 낳은 아이와는 분명 다르다. 그동안 특별한 글쓰기 훈련이 없었다면 여기서 소개하는 연습법을 참고하기 바란다.

1_자유 쓰기

한줄 쓰기도 힘든 사람이라면 자유 쓰기를 권한다. 미국의 유명한 글쓰기 강사인 바버라 베이그는 『하버드 글쓰기 강의』에서 글쓰기 연습을 처음 시작하는 사람에게 자유 쓰기Free Writing를 권하고 있다. 그가 말하는 자유 쓰기가 무엇인지 좀 더 자세히 살펴보자.

글을 쓸 때는 두 가지 정신 능력을 사용할 필요가 있다. 하나는 '창조적 기능'이다. 이는 생각, 이미지, 어휘를 동원해 말하고 싶은 것을 찾아내는 정신 영역이다. 다른 하나는 '비판적 기능'으로 그런 어휘와 생각을 평가하는 정신 영역이다.

글쓰기를 처음 공부할 때 이 글이 잘 쓴 것인지 못 쓴 것인지 생각하지 말고 생각나는 대로 써 내려가는 것이 자유 쓰기다. 그냥 하고 싶은 말을 찾아내 어휘로 표현하는 것이다. 그런데 자꾸 비판적 기능을 앞세워 자신이 쓴 글을 평가하다 보면 글쓰기에 회의감이 들게 된다. 그러므로 창조적인 기능과 비판적인 기능을 서로 다른 시간대로 분리해서 사용해야 한다. 일단 써 놓고 나중에 글을 다듬으라는 말이다.

자유 쓰기는 창조적 기능을 위한 유산소 운동 같은 것이다. 멈출 필요가 없고, 자신이 쓰는 글을 아무도 읽지 않으리라는 것을 알기 때문에 창조적 기능을 마음껏 펼칠 수 있다. 이 훈련의 열쇠는 아무런 기대도 하지 않는 것이다. 무엇을 쓰든 상관없다. 훈련의 요점은 연습 자체에 있지 즉각적인 결과에 있지 않다. 규칙적으로 꾸준히 훈련하면 창조적 기능은 강화될 것이다.

다음은 『하버드 글쓰기 강의』에서 말한 자유 쓰기를 위한 지침이다. 참고하기 바란다.

자유 쓰기를 위한 지침

1. 무슨 일이 있어도 적어도 10분 동안은 계속 펜을 놀려라. 시계를 보지 말고 대신 자명종이나 스톱워치를 활용하라.

2. 멈추고 싶은 생각이 들더라도 이 욕구에 따르면 안 된다. 말하고 싶은 것이 생각날 때까지 똑같은 것을 반복하더라도 멈추지 말고 펜을 놀려라. 쓰는 도중에 다른 표현이 생각나도 먼저 쓴 것에 줄을 긋거나 편집하지 마라.

3. 이 글쓰기가 어디까지나 사적인 일이라는 생각을 분명히 하라. 무엇을 쓰고 싶든지 편안한 마음을 가져야 한다.

4. 원한다면 한 가지 주제로 시작할 수 있지만 반드시 그럴 필요는 없다. 그리고 한 가지 주제로 시작했더라도 얼마든지 다른 주제로 바꿀 수 있다. 다만 계속 펜을 놀려라. 순서나 단어 선택, 문법의 정확성에 관하여 걱정하지 마라. 이것을 볼 사람은 아무도 없다.

5. 원하지 않는 부분에서 생각이 뱅뱅 맴돌 때는 방향을 바꿔라. 이 훈련의 주체는 여러분 자신이다.

6. 이 글에 대한 아무런 기대를 하지 마라. 원하는 결과가 나올 수도 있고 그렇지 않을 수도 있다. 아무런 상관이 없다. '이번에는 어떤 아이디어나 이미지

가 떠오를지 궁금하다.' 는 태도만 유지하라.

7. 머릿속에 떠오르는 말과 아이디어에 귀를 기울이고 그것을 종이에 옮겨라. 마음속에서 '이건 끔직해! 무슨 생각이 나든 그걸 쓸 수 있을 것 같아?' 라든가 '와우 대단한데! 곧 스티븐 킹 같은 작가가 될 거야.' 라는 목소리가 들리더라도 무조건 무시하라. 계속 펜만 움직여라.

8. 처음에는 자신이 쓴 것을 읽어 보지 않는 것이 가장 좋을 것이다. 읽고 싶어도 잠시 기다리는 것이 큰 도움이 된다. 행여 읽더라도 너그러운 자세로 읽어라. 편집하거나 비평하지 마라. 단지 종이 위에 무엇이 적혀 있는지, 자신이 무엇을 좋아하는지만 주목하라.

글쓰기 강사 임정섭 씨가 말하는 '마구 쓰기'도 자유 쓰기와 같다. 그가 쓴 책『글쓰기, 어떻게 쓸 것인가』에서 소개하는 '마구 쓰기'가 무엇인지 한번 살펴보자.

마구 쓰기는 아무런 제약 없이 자유롭게 글을 쓴다 하여 '프리라이팅' 이라 불린다. 문법이나 글의 형식, 내용에서 규제를 벗어나는 글쓰기다. 상소리를 해도 좋고 낯 뜨거운 내용을 써도 좋다. 우리의 목적은 다만 활자로 백지를 채우는 일이다. 백지 혹은 자판에다 글을 쉬지 않고 마구 써 내려가는 방식이다. 단어의 나열, 문장의 파편이나 토막글도 상관없다.

마구 쓰기를 처음 하는 이는 마구 쓰는 일 자체가 쉽지 않은 행위인지 알게 된다. 그냥 백지를 채우는 일이 처음에는 마치 소설 한 편을 쓰는 듯 어렵다. 이렇게 해 보자. 그냥 단어만 나열하자. 주변에 있는 사물의 이름을 적어 보자.

쉼표는 필요 없다. 책 이름도 괜찮다. 컴퓨터 뒤에 병풍처럼 서 있는 책 이름을 나열하자.

『글쓰기, 어떻게 쓸 것인가』, 임정섭, 경향비피

그렇다. 당신은 잘 하든 못 하든 첫발을 내딛는 게 중요하다. 그냥 한 번 해 보는 것이다. 다만 꾸준히 노력해야 한다는 것은 기억해야 한다.

마구 쓰기와 같은 자유 쓰기 단계를 넘겼다면 초점화한 자유 쓰기를 해 보자. 한 주제를 잡고 자유 쓰기 지침에 따라 써 내려가는 것이다. 책을 쓸 때는 주제를 정해서 쓰는데 자꾸 참고도서를 뒤적이는 사람이 있다. 이래서는 책을 쓰기 힘들다.

이때 필요한 것이 초점화한 자유 쓰기다. 참고자료를 보지 말고 내 머릿속에 있는 것을 꺼내 써야 한다. 글쓰기의 1차 자료는 내 머릿속에 있다. 죽 써 내려간 다음에 참고도서를 찾아 보충해야 한다.

2_ 필사(베껴 쓰기)

김연아는 스케이트를 배울 때 유명한 피겨스케이트 선수였던 미셸 콴의 비디오테이프를 보며 따라 했다고 한다. 축구 선수가 되려는 학생이라면 축구 경기를 보며 잘하는 선수를 모방하려고 할 것이다. 글쓰기를 잘하려면 당연히 잘 쓴 글을 따라 써야 한다. 그것이 필사다.

필사는 옛날부터 매우 중요한 공부 방법이었다. 지금도 글쓰기를 공부할 때 꽤나 쓸모 있는 방법이다. 좋은 글을 만나거든 공책에 베껴 써 보자. 그냥 읽을 때는 보지 못한 것을 볼 수 있을 것이다. 다음은 다산 정약용이 어떻게 필사를 했는지 보여주고 있다.

윤계진에게 보낸 편지에서는 "서각 위에서 매일 새벽 맨머리로 고문 몇 쪽을 베껴 씁니다. 참으로 즐거움은 쓴 열매에서 나오는 법이지요." 라고 적었다. 매일 새벽 고문을 몇 쪽씩 베껴 쓰는 것을 일과로 삼아 문장 공부를 하는 장면이다.

또 한제원에게 보낸 편지에서도 "저는 근래에는 대유재(大酉齋)로 가서 교서하지 않고, 편안하게 여유당에서 초서를 하며 지냅니다. 풍차나 물레방아가 곡식이 있어도 빻고 곡식이 없어도 빻는 것과 한가지니, 어느 때고 수고롭지 않겠습니까? 다만 머리에 관을 쓰지 않고, 허리에 띠를 두르지 않으니 조금 쾌활할 뿐입니다." 라고 했다. 물레방아가 빻을 곡식이 있건 없건 계속 돌아가며 방아질을 하듯이, 교서관에서 일할 때나 집에서 쉴 때나 끊임없이 책을 펼쳐 필요한 대목을 베껴 쓰는 다산의 모습을 볼 수 있다.

『다산선생 지식경영법』, 정민, 김영사

모택동은 붓을 움직이지 않는 독서는 독서가 아니라고 했다. 『현자들의 평생 공부법』을 보면 모택동의 독서법은 많이 읽고 많이 생각하고 많이 쓰고 많이 묻는 것이었다. '많이 쓰기'는 베껴 쓰기와 요점 정리였다. 그는 과목 공부가 끝나면 '독서록'을 작성했는데 문장 전체를 베끼는 노트와 요점을 정리하는 노트가 있었다. 그 노트가 쌓여 몇 광주리가 되었다고 한다. 모택동도 필사의 유용성을 알고 있었던 것이다.

소설가 신경숙과 시인 안도현도 필사를 하며 글쓰기 공부를 한 것

으로 유명하다. 『글쓰기, 어떻게 쓸 것인가』에는 소설가 신경숙이 필
사를 하며 글쓰기를 훈련한 모습이 나와 있다.

신경숙 작가는 필사를 통해 고수가 되었다. 필사와 관련해 그녀가 주목받는
이유는 남보다 더 오래, 치열하게 그 고행의 시간을 견뎠기 때문이다. 이 과정
은 산문집 『아름다운 그늘』에 잘 나와 있다. 책에 따르면 그녀는 대학 1학년
여름방학을 필사로 보냈다. 그 시작은 서정인의 『강』이었다.

나는 『강』을 그대로 옮겨 써 보고 싶은 충동으로 만년필에 잉크를 채웠다. 그
리고 노트를 폈다. 한 자 한 자 옮겨 적기 시작했다.

(중략)

『강』을 시작으로 나는 그 여름을 내 노트에 선배들의 소설을 옮겨 적는 일
을 하며 보냈다. 최인훈의 『웃음소리』, 김승옥의 『무진기행』, 이제하의 『태평
양』, 오정희의 『중국인 거리』, 이청준의 『눈길』, 윤흥길의 『장마』, 최강학의
『창』, 강호무의 『화류항사』

그냥 눈으로 읽을 때와 한 자 한자 노트에 옮겨 적어 볼 때와 그 소설의 느낌
은 달랐다. 소설 밑바닥에 흐르고 있는 양감을 훨씬 더 세밀히 느낄 수 있었다.
그 부조리들, 그 절망감들, 그 미학들 필사를 하면서 나는 처음으로 이게 아닌
데, 라는 생각에서 벗어날 수 있었다. 이것이다. 나는 이 길로 가리라. 필사를
하는 동안의 그 황홀함은 내가 살면서 무슨 일을 할 것인가를 각인시켜 준 독
특한 체험이었다.

『글쓰기, 어떻게 쓸 것인가』, 임정섭, 경향비피

신경숙뿐 아니다. 웬만한 글쟁이들은 모두 필사를 반복하며 자신의 글에 힘을 더했다. 나도 마찬가지다. 정확히 기억나지 않지만 중학교 때도 책을 읽다가 멋있는 문장을 만나면 적어 놓았다. 그리고 글을 쓸 때 그것을 모방해서 써 보기도 했다.

그때는 그것이 글쓰기에 도움이 되는 줄 모르고 했다. 신문을 읽다가 좋은 칼럼을 만나면 베껴 쓴 적도 많다. 시를 베껴 쓰기도 했다. 그런 것들이 내가 글을 쓰고 책을 내는 데 기초가 됐다. 여기에 좋은 글 몇 개를 소개하려고 한다. 한 번 베껴 써 보기 바란다. 그냥 읽을 때와 다른 점을 깨달을 수 있을 것이다.

필사 자료 1

■ 관계 보수하기 ■

코치는 대체로 점잖고 품위 있게 행동한다. 상대의 말을 경청하고 반응하여, 상대가 자기 문제에 답을 스스로 찾도록 돕는 고도의 정신적 작업을 하는 사람이기 때문이다. 그래서 사람들은 코치가 남보다 성숙할 것이라고 기대하고 코치 역시 스스로 기대하는 바가 높다. 하지만 어쩌랴, 코치도 사람인지라 흥분하고 화내는 일이 있다. 감정의 홍수가 밀려오면 '내가 이러면 안 되는데!' 하면서도 진창에 빠지고 만다. 기대가 높은 만큼 진창은 더 깊게 느껴진다.

오늘 아침 내가 그랬다. 일정 착오 때문에 어렵게 마련한 시간이 헛수고가 되는 황당한 일을 겪었고, 그 감정을 고스란히 관계자에게 표현하고 말았다. 따지고 보면 내가 문제에 기여한 바가 전혀 없지 않은데 쌀쌀맞게 상대를 대했다. 미안해하는 그의 사과를 제대로 받아 주지도 않고 나와 버렸다. 이런 날은 하루

종일 '그런 일도 우아하게 넘기지 못하는 내가 코치냐' 하며 자괴감에 괴롭다.

부모도 자녀가 미울 때가 있다. 사실 많다. 그래서 부모라는 이름으로 자녀에게 상처를 준다. 아내가 마음에 안 들면 꿍하고 있다가 더 만만한 상대를 찾게 된다. 그때 아이들이 뭔가 거슬리는 행동을 하면 옳다구나 혼을 내고 야단친다. 그러고는 '내가 괜한 짓을 했구나. 이러고도 내가 아버지 자격이 있냐.' 라고 자책한다.

상사로서 부하에게 피드백을 줘야 할 때가 있다. 어떤 때는 그것이 도를 넘어 비난과 공격으로 변질되어 관계를 악화시킨다. 후회할 일을 한 것이다. 그런 일이 일어나지 않으면 좋으련만, 이미 일어났다면 어떻게 해야 할까? 보통의 부모나 상사는 쑥스럽고, 멋쩍어 그냥 슬쩍 넘어가고 만다. 하지만 돈 꾼 놈은 쉬 잊어도, 빌려준 놈은 결코 잊지 않는 것이 사람 마음이다. 다행스럽게도 해결 방법은 간단하다. 다른 사람이 내게 실수했을 때 그에게 내가 기대하는 바대로 하면 된다. 인정하고 사과하는 것이다.

어느 날 칠순을 넘은 어머니가 이런 말씀을 하셨다.

"내가 너희들 어릴 때 모질게 때리고 힘들게 했지? 미안하다. 그땐 사는 게 너무 힘들고 어찌할 줄 몰랐어. 그래서 너희 아버지한테 미움이 쌓이면 너희에게 쏟아부었다. 지금 생각하면 참 잘못한 일이 많다. 정말 그러면 안 됐었는데……."

어머니의 사과를 들으며 그동안의 서운한 기억들이 녹아내렸다. '어머니가 그때 그렇게 힘드셨구나.' 하고 이해가 되었다.

자녀, 부하들은 관대하다. 부모나 상사가 자신의 잘못을 인정하고 용서를 구할 때 그 진정성을 알게 되어 더 사랑하고 더 존경하게 된다. 오늘 동료의 마음을 힘들게 한 나는 인정과 사과의 메시지를 보낸다. 말 몇 마디로 사람의 실수가 없어지는 것은 아니지만, 관계를 유지하려는 노력으로 우리는 앞으로도 함께 의미 있는 일을 할 수 있을 것이다.

이한주, 한국코치협회 전문코치

필사 자료 2

■ 고객이 결정을 망설이는 이유 ■

"좋습니다. 좋은데 잠깐만요……." FC 제안에 동의는 하면서도 막상 결정할 순간이 오면 많은 고객이 망설인다. 이들이 망설이는 이유는 무엇일까? FC가 신뢰를 주지 못해서일까? 아니면 FC 제안에 100% 만족하지 않아서일까? 혹은 보험료 납입 같은 경제적인 문제 때문일까? 도대체 왜 이런 행동을 하는 걸까?

사람은 어떤 결정을 내려야 할 상황이 되면 평상시 알고 있던 이성적인 행동보다는 위장된 2차 행동을 하게 된다. 영화관에 가면 영화 상영 전에 화재 혹은 긴급 상황 발생 시 대피하는 방법과 비상구를 안내한다. 현재 위치에서 어느 곳의 비상구를 이용하라고 친절하게 점멸등으로 표시를 해 가며 안내한다.

이뿐만이 아니다. 지하철에서 대형사고가 발생하고 나면 언론에서는 '특집'으로 비상시 대처요령을 떠들썩하게 다룬다. 심지어는 실제 연습하는 장면을 앞 다퉈 보도하기도 한다. 그러나 실제로 이런 상황이 발생하면 대부분은 이성을 잃게 되고 대형사고로 이어지는 경우를 자주 본다. 왜 그럴까? 막상 그 상황이 되면 '못 나가면 어쩌나?' 하는 불안한 생각이 먼저 들기 때문이다.

또한 최악의 상황에 대처하고자 하는 강한 욕구가 생겨 '나부터 빨리 빠져나가야 한다.' 는 행동지령을 자신에게 내리기 때문이다. 그에 따라 질서를 무시

한 독단적인 행동을 하게 된다. 위급 상황 시에도 이성적으로 학습한 '비상구 위치'나 '안전한 탈출요령' 따위는 무의식을 따라 하는 행동 습관을 쉽게 바꾸지 못한다.

많은 사람들은 비상 상황을 알리는 벨소리 같은 신호를 받고 즉각적인 행동을 하기보다는 위급함이 느껴지는 안내방송이나 주변사람들의 행동에 더 자극을 받고 2차 행동을 하게 된다. 게다가 분명 비상구가 있는 곳에는 불빛이 나오고 있지만 극한 상황에서는 들어왔던 문 혹은 평소 다니던 문을 통해 탈출하려고 하며 그중에서도 이왕이면 자동문 쪽으로 탈출하려고 시도한다.

결국 이러한 일련의 행동들은 모두 결정적인 순간에 인간이 보일 수 있는 대표적인 행동으로, 이는 뒤로 미루려는 고객들이나 조금 더 생각해 보겠다는 고객, 다른 사람에게 의논하고 결정하겠다고 하는 고객들이 보이는 전형적인 행동이다. 영업을 하는 FC는 고객들의 이러한 행동들을 유심히 살펴보며 원인과 대응책을 찾아야 한다.

박신덕. 흥국생명 교육부 차장

필사 자료 3

■ 작은 집이 존경받는 사회가 된다면 ■

참 묘한 이치 하나를 깨달았다. 공간이 줄면 결핍도 준다는 것. 지난해 봄 사옥 이전 후 개인 사무공간이 기존보다 절반 가까이 줄었다. 처음엔 걱정했었다. 살면서 공간이 줄어든 건 처음이었기 때문에. 예전엔 자신의 공간이 조금씩 늘어나는 게 발전의 척도라고 믿었다.

그러나 살아 보니 공간이 준 만큼 편안함은 배가 됐다. 우선 단순하고 깨끗해졌다. 신문 쌓아둘 곳이 없으니 그날그날 부지런히 읽고 바로 버리는 게 가장 큰 이유일 거다. 비품도 줄고 쌓여 있는 짐도 줄었다. 주변이 단순해지니 공간에 대한 불만도 없어졌다.

이런 생각이 들었다. 공간이 넓을수록 휑한 공간에 결핍을 느껴 이를 채우기 위해 쓸데없는 물건을 들이고, 물건에 치여 신경 쓸 것도 많아진다는 것. 그래서 큰 집일수록 짐이 많고, 짐 때문에 공간이 부족해져 더 큰 집을 찾게 되는 것인지도 모른다. 실존주의자처럼 설명하자면, 공간이 클수록 상황은 결핍된 것이 아니나 의식이 결핍으로 느끼고 다시 그것을 채우려는 욕망으로 치닫는 악순환에 걸렸다고 할까.

이런 이치를 먼저 깨달은 사람들은 많았다. 요즘 미국·일본 등지에서 벌어지는 '스몰하우스 운동'의 맥락도 비슷하다. 물건을 내려놓고 단순하게 살다 보면 무엇이 중요하고 행복한지 깨닫는다는 게 이들의 메시지다. 물론 이들은 극단적이다. 이 운동의 선구자 격인 미국의 제이 셰퍼는 주차장 한 구획보다 작은 집에 산단다. 이런 집들을 방문해 기록한 다카무라 토모야는 '평균적인 집의 강박관념'이 삶의 질을 떨어뜨린다고 설파한다.

『작은 집을 권하다』, 다카무라 모토야, 책 읽는 수요일

지금 서울 관훈동에서 '최소의 집' 전시회가 열린다기에 가 봤다. 극단적이지 않은, 작은 집에 대한 몇몇 건축가의 아이디어를 볼 수 있었다. 한데 작은 집을 권유하는 이들의 방법은 실현하기엔 쉽지 않아 보였다. 그들은 하늘이 보이고 빛이 들어오는, 작은 집이 숨을 쉴 수 있는 공간에 짓는 집을 권한다. 그

러나 보통 사람이 현실에서 작은 집을 위한 그런 쾌적한 땅을 어디서 찾나.

현실에선 집이 자산이어서 한 뼘이라도 더 커야 한 푼이라도 더 벌고, 집의 크기로 성공의 크기를 재며, 작은 집에 사는 건 그 자체로 시대적 · 사회적 결핍이라고 주입된다. 집이 없으면 매번 높아지는 집세에 허리가 휘고, 전세대란은 정기적으로 반복되며 집 자체가 '실존적 상황'이 된 시대에 '욕심을 내려놓고 집의 크기를 줄이라.'는 말 자체가 사치라고 반박해도 할 말이 없다.

모든 깨달음이 현실적 대안이 되진 않는다. 그럼에도 상상은 해본다. 우리 모두 생각을 고쳐먹어 집에 대한 고정관념에서 벗어나고 작은 집을 존경하게 된다면 집 문제도 좀 순해지지 않을까 하는…….

「중앙일보」, 2013. 10 14

3_ 요약하기/줄거리 쓰기

요약하기는 원문 자체를 분량만 줄이는 것이다. 일단 요약하려면 글을 몇 번이고 읽어 봐야 한다. 그러는 가운데 뺄 것과 넣을 것이 드러난다. 짧은 글 세 편을 준비했다. 먼저 반으로 줄여 보고, 그다음에 반으로 줄인 것을 다시 반으로 줄여 보자. 이 연습으로 글의 핵심이 무엇인지 찾아낼 수 있다. '굳이 이 연습을 해야 되나!'라고 생각하는 독자도 있을 것이다.

요약하기와 줄거리 쓰기는 글쓰기 훈련도 되지만, 그보다 더 유익한 것이 있다. 당신이 책을 쓰며 다른 글을 인용할 때 요긴하게 써먹을 수 있다는 것이 그것이다. 짧은 글이야 통째로 옮겨 놓으면 되겠지만, 긴 글은 요약을 해야 할 때가 있다. 긴 글을 짧게 요약하는 것도 실력이다.

유비에게는 조운, 즉 조자룡이라는 유명한 장수가 있었다. 한 번도 패한 적이 없다던 천하무적의 장수였다. 관우나 장비는 도원결의를 통해 의형제를 맺었기 때문에, 유비에 대한 그들의 충성심은 의심할 여지가 없었다. 이와 달리 조자룡은 잠시 유비의 곁에 의탁하고 있었던 장군이다. 유비는 조자룡을 탐냈지만, 그렇다고 해서 다시 도원결의를 할 수는 없는 일이었다.

때를 기다리던 유비에게 마침내 기회가 온다. 조조의 백만 대군이 유비를 압박했을 때, 그는 조자룡에게 두 명의 부인과 자신의 아들, 아두의 안위를 부탁한다. 불행히도 조자룡은 난전 중에 유비의 부인 한 명을 지키지 못하고 간신히 유비의 아들만 보호하는 데 성공한다. 조자룡으로서는 목숨이 몇 개가 있어도 모자랄 판이었다. 조자룡은 갑옷에서 새근새근 자고 있던 유비의 아들을 건네주며 자신의 죄를 청했다.

바로 이때 기막힌 반전이 일어난다. 유비는 아들을 건네받자마자 땅바닥에 던져버리는 것이 아닌가?

"이까짓 어린 자식 하나 때문에 하마터면 나의 큰 장수를 잃을 뻔했구나!"

조자룡은 황망히 허리를 굽히고 팽개쳐져 우는 아두를 끌어안고서 눈물을 흘리며 절규한다.

"제가 이제 죽는다 하더라도 주공의 은혜에 보답할 수는 없을 것입니다."

『철학이 필요한 시간』, 강신주, 사계절

요약하기 연습 2

스토니브룩 대학의 애런 교수는 오랜 기간 동안 인간관계에 대해 연구를 했다. 그의 주장에 따르면, 친밀감을 형성할 수 있는 최고의 비결은 대화의 과정에서 감정적인 단계를 '조금씩' 높여 가는 것이라고 한다. 형식적, 객관적 단계의 표현들은 깊은 관계를 형성하는 데 직접적인 도움이 되지는 않지만, 그러한 관계를 쌓아 나가기 위한 출발점으로서 영향을 미친다.

이와 같은 주장을 뒷받침하기 위해, 애런 교수가 주축이 된 연구팀은 한 가지 실험을 수행했다. 그들은 넓은 강의실에 서로 모르는 학생들을 모아 놓고, 두 사람씩 짝을 짓도록 했다. 그리고 서로의 파트너와 25분간 대화를 나누도록 했다. 그중 절반의 그룹에는 객관적, 주관적 단계에 해당하는 대화 주제의 목록을 주었다.

가령 가장 기억에 남는 선물, 할로윈 때 했던 일, 가장 즐거웠던 휴가, 일어나고 잠드는 시각, 지난달에 열심히 보았던 TV 프로그램, 가장 가 보고 싶은 해외 관광지 등에 관한 것이었다. 이러한 종류의 질문들은 어느 모임에 가서나 쉽게 주고받을 수 있는 주제에 해당한다.

두 번째 그룹에도 역시 마찬가지로 객관적, 주관적 단계의 표현 항목들을 제시했다. 가령 전화를 걸기 전에 무슨 말을 할지 먼저 생각을 해 보는지, 최근에 노래를 불러 본 것이 언제인지 등이다.

하지만 대화가 어느 정도 진행되기 시작하면, 이 그룹의 멤버들에게는 다른 주제가 다시 한 번 제시된다. 개인적인 감정을 더 많이 드러낼 수 있도록 가장 소중한 추억은 무엇인지, 자신의 삶에서 사랑과 우정이 얼마나 큰 비중을 차지하고 있는지, 그리고 가족들 사이가 얼마나 가까운지에 관한 항목들로 대화를 나누게끔 유도했다.

　30분 정도 흘렀을 때, 연구원들은 두 번째 그룹의 대화 주제 수위를 더 높였다. 가령 '지금까지 살아오면서 가장 힘든 순간이 언제였습니까?', 그리고 마지막으로 '지금 여러분의 가족들 중에, 누구의 죽음이 여러분에게 가장 힘들 것이라 생각됩니까?' 라는 질문을 제시했다. 이런 종류의 질문에 답하기 위해서는 사적인 부분을 많이 드러낼 수밖에 없다.

　실험 결과, 두 그룹의 반응은 큰 차이를 보였다. 총 45분간의 대화를 마친 뒤에, 애런 교수는 참여한 학생들에게 상대방에 대해 어떻게 느꼈는지 설문조사를 통해 물어보았다. 그리고 추측대로 형식적 단계로부터 피크 단계로 올라갔던 두 번째 그룹의 학생들이 첫 번째 그룹보다 친근감을 더 많이 느낀 것으로 드러났다. 하지만 이보다 더욱 놀라운 사실은 2주 후에 드러났다.

　애런 연구팀은 실험 후 학생들의 심리 상태를 확인하기 위해, 앞서 실험에 참여했던 학생들을 다시 강의실로 불러들였다. 그런데 특이한 패턴이 확연히 눈에 들어왔다. 두 번째 그룹에 속했던 대부분의 학생들이 서로 짝을 지어 앉아 있는 것이 아닌가! 게다가 그들은 실험이 끝난 후에도 개인적으로 종종 만났었다고 했다. 실험에서 두 번째 그룹 학생들이 보여 주었던 친밀감이 실험 이후에도 지속적으로 유지되고 있었다.

『클릭』, 오리 브래프먼 · 롬 브래프먼, 리더스북

　존 엔들러는 1970년대에 열대어 구피를 처음 연구하면서 흥미로운 패턴을 목격했다. 폭포 아래의 웅덩이에 사는 구피들은 색이 단조로운 반면 상류의 웅덩이에 사는 구피들은 시선을 사로잡는 화려한 색이었다.

엔들러는 그 원인을 다음과 같이 가정했다. 즉 구피는 폭포를 거슬러 상류로 헤엄쳐 갈 수 있지만, 구피를 잡아먹는 사나운 물고기 파이크 시클리드는 그럴 수 없기 때문에 상류의 웅덩이에는 구피들이 살지 않았다. 하류의 구피는 위험한 환경 속에서 몸을 위장할 수 있도록 색깔이 단조롭게 진화했다. 반면 상류의 구피는 폭포 덕분에 시클리드의 위협이 없는 안전한 구피 낙원에서 살았고, 따라서 그 화려한 색깔은 이성의 관심을 끄는 데 효과적으로 이용했다.

엔들러는 좀 더 통제된 환경에서 이 가설을 실험해 보기로 하고 넓은 온실 안에 10개의 구피 연못을 만들었다. 어떤 연못에는 바닥에 조약돌을 깔고 다른 연못에는 더 고운 모래를 깔았다. 엔들러는 몇 개의 연못에 위험한 파이크 시클리드를 풀고 나머지 연못에는 그보다 순한 포식자를 집어넣거나 아예 포식자를 집어넣지 않았다.

14개월 후 10세대가 지나면서 구피 개체들이 환경에 적응했다. 위험한 연못에서는 가장 지루한 색깔의 구피들만이 살아남아 번식을 했다. 뿐만 아니라 구피의 위장술은 연못의 환경과 일치해 조약돌을 채운 연못에서는 큼직큼직한 무늬의 구피가, 고운 모래를 깐 연못에서는 자잘한 무늬의 구피가 나왔다. 이보다 안전한 연못에서는 화려한 점박이 구피들이 새끼를 더 많이 낳았는데 암컷 구피들은 알록달록한 반점무늬의 수컷에 더 끌리는 듯했다.

엔들러 교수의 구피 실험은 진화생물학의 고전을 현대적으로 재해석한 것으로 파이크 시클리드의 등장과 같은 새로운 문제에 개체가 어떻게 적응하는가를 보여 주는 놀라운 사례다. 적응은 신속했을 뿐만 아니라 상황에 민감하게 이루어졌다.

『어댑트』, 팀 하포드, 웅진지식하우스

이런 식으로 신문에 난 기사나 책 본문 중에서 한 부분을 골라 요약하기를 하다 보면 글을 자세히 살펴볼 수 있고, 내용도 더 잘 기억하게 되어 책을 쓸 때 유용하게 사용할 수 있다.

4_ 관찰하고 묘사하기

묘사를 위해서는 관찰력을 길러야 한다. 글을 쓰는 사람들은 일상생활에서 그냥 지나칠 만한 것도 글의 소재로 사용한다. 관찰력 덕분이다. 로버트 루트번스타인과 미셸 루트번스타인 부부는 공동저작인 『생각의 탄생』에서 글쓰기에도 예리한 관찰 기술이 필요하다고 역설했다.

시인 에드워드 E. 커밍스는 자신을 태양 아래 있는 모든 것을 관찰하는 사람으로 규정한 바 있다. 작가 존 도스 파소스의 기억에 따르면 두 사람이 같이 산책을 할 때마다 커밍스가 종잇조각에 뭔가를 적고 스케치를 했다고 한다. 소설가 서머셋 몸은 사람을 끊임없이 탐구하는 것은 작가의 필수적인 자세라고 했는데 그 말은 사람의 외관뿐만 아니라 대화, 행동까지 관찰해야 한다는 뜻이었다. 그는 "간접적으로 전해지는 얘기라도 몇 시간 동안 들어 둘 수 있어야 무심결에 새어 나오는 중요한 단서를 포착해 낼 수 있다." 라고 말했다.

작가들에게 관찰력이 얼마나 중요한가는 새삼스럽게 말할 필요도 없다. '진짜처럼 보이는' 플롯의 전개를 위해서는 사람들이 다른 사람의 말과 몸짓과 행동에 어떤 반응을 보이는지 알아야만 한다. 독자들의 감각에 자극을 주기 위해서 감각 자체를 알아야 한다. 작가는 경험을 향유할 뿐 아니라 관찰하고 분석

한다.

『생각의 탄생』, 로버트 · 미셸 루트번스타인, 에코의 서재

관찰은 단지 눈에 보이는 것만 하는 것이 아니다. 소리, 냄새, 맛, 촉각까지 관찰해야 한다. 그래야 오감을 활용한 글을 쓸 수 있다. 관찰할 때 주의할 것은 판단하지 않는 것이다. 감각적으로 들어오는 것을 그대로 쓰면 된다.

예를 들어 당신이 시장에 갔다고 치자. 시장의 여러 가지 상황을 관찰하여 묘사하는 것이 중요하지 '시장 바닥이 왜 이렇게 더러운 거야.', '저렇게 지저분한데 누가 물건을 사겠나.'와 같은 판단은 필요 없다. 그냥 오감으로 보이고 느껴지는 것만 옮겨 놓으면 된다.

이제 관찰하여 오감으로 들어오는 것을 글로 한번 써 보자. 지금 어디에 있는가? 이 책을 보는 장소가 서재든 도서관이든 거실이든 아니면 분위기 있는 커피숍이든 상관없다. 일단 책을 덮고 펜과 메모지를 꺼내 보라.

그리고 감각을 통해 들어오는 것을 그대로 적어라. 단문으로 쓰라. 미사여구를 동원하지 말고 쓰라. 쓸 수 있는 것부터 쓰라. 누군가에게 이야기하듯 쉽게 쓰라. 사물이나 풍경을 자세히 볼 수 있어야 한다. 눈에 보이는 풍경, 보이는 사람과 사물을 꼼꼼히 기록해 두자. 보이는 것은 모두 글로 옮긴다. 냄새도 맡아 보자, 손으로 만져도 보자. 그리고 느낌을 적어 보자.

창문이 있다. 블라인드가 반쯤 내려와 있다. 창문이 조금 열렸다. 공기가 시원하다. 빛이 들어온다. 책장이 있네, 책이 꽂혀 있구나. 벽시계가 오전 10시 10분을 알려 준다. 책장 책 가운데 고려청자가 하나 있네. 미끄러운 선이 차갑다. 달력이 있다. 액자에는 10년 전 모습이 찍혀 있구나. 책상 위는 가위가 있다. 방금 전에 마신 커피 잔도 있다. 커피향이 아직도 남아 있다. 스탠드 불이 환하다. 밖에서 생선을 파는 소리가 들린다.

이런 식으로 묘사를 하면 된다. 물론 이 책을 읽는 당신이 시나 소설을 쓸 게 아니고 비즈니스 책을 쓰려는 사람이라 이런 묘사가 무슨 소용이 있느냐고 반문할지도 모르겠다. 그러나 어떤 책을 쓰든 관찰하여 묘사하는 훈련은 필요하다. 책 속에 이런 것이 빠지면 지루하다. 경험한 일, 다른 사람에게서 들은 이야기, 책에서 읽은 것을 인용하여 책 안에 녹여내야 좋은 책이 되는데, 이때 필요한 것이 바로 묘사력이다.

책을 읽으며 책 속에 있는 내용이 머릿속에 그림으로 그려져야 재미있는 책이고, 잘 쓴 책이다. 글쟁이들은 그래서 항상 작은 수첩을 들고 다닌다. 언제든지 메모하기 위해서다. 누군가에게 들은 이야기나 우연히 마주친 상황, 자신이 겪은 일을 집에 와서 정리해야지 마음먹지만 우리 기억력이 그렇게 썩 좋은 편이 아니니 너무 믿지 말기를. 다음은 만화가 허영만 씨 이야기다.

『이끼』를 그린 윤태호(44). 1988년부터 2년간 허영만 문하생이었다. 허영만이 연재 원고 1회분(25~30쪽)을 그리면 참고 서적이 20~30권 쌓였다. 취재갔다 돌아와 화실 여직원에게 비닐봉투를 건네면 24~36컷 필름 통이 도토리처럼 쏟아졌다. 윤태호가 속으로 '우리 선생님은 왜 이렇게 힘들게 살까' 했다. "두 가지 생각밖에 안 들었어요. '나도 유명해지려면 저렇게 고생해야 하나?', '근데 만화는 정말 재미있네.' 선생님보다 쉽게 그리는 사람 많았어요. 그분들 다 은퇴했어요."

그는 취재와 메모로 계속 새로운 '총알'을 만든다. 〈식객〉 연재 10년 동안 허영만은 스토리 작가 이호준(42)과 매달 두 차례 전국을 돌았다. 도축장이고 모내기하는 데고 안 가 본 데가 없다. 다들 "그이 같은 메모광을 못 봤다."고 했다. 밥 먹다가 메모하고(만화가 박문윤), 자다 일어나 메모하고(김영사 대표 박은주), 배를 몰다 메모했다(이정식).

「조선일보」, 2013. 10. 21

좋은 글은 이처럼 쉼 없는 관찰과 메모에서 나온다. 이것은 글을 잘 쓰기 위해 필수다. 글을 쓰는 사람은 주변에서 일어나는 일을 관찰하고 부지런히 메모해야 한다. 이것만큼 좋은 글감이 없다. 다음 글은 내가 겪은 일이지만 메모하지 않았다면 기억해서 쓰기 쉽지 않았을 것이다.

아버지 생신이라 가족들이 한정식 집을 예약했다. 생신이 토요일이라 우리는 금요일에 예약을 했다. 토요일 오후 1시, 1만 5천 원짜리 한정식. 자식이 아버지 생신을 착각하고 그것도 하루 전날 예약하는데 잘못할 일은 없을 것이다. 더구나 생신 당일 12시쯤, 출발하기 전에 "오늘 1시에 예약을 했는데 다들 일찍 모여서 조금 일찍 가려고 합니다. 지금 가도 괜찮겠습니까?" 라고 물었더니 괜찮다고 지금 와도 된다고 했다. 이 대화만으로도 우리가 제대로 예약한 게 틀림없었다.

그런데 음식을 먹다 보니 2만 원짜리 한정식이 나오고 있지 않은가. 그래서 "우리는 1만 5천 원짜리를 예약했는데 왜 2만 원짜리가 나옵니까?" 라고 했더니 "원래 일요일에 예약하지 않았느냐. 일요일에는 2만 원짜리만 한다." 는 답변이 돌아왔다.

다시금 "무슨 소리냐, 우린 분명 토요일에 예약을 했고 오늘 출발하기 전 다시 확인하고 온 것 아니냐?" 라고 했더니 아니라는 것이었다. "오늘은 예약이 안 되어 있고 내일 예약이 되어 있는데 왜 오늘 왔느냐?" 며 오히려 우리가 잘못하지 않았느냐고 반문을 했다.

아버지 생신이라 말다툼을 계속할 수도 없고 해서 "알았다." 라고 거기서 끝냈다. 음식을 다 먹고 계산을 하려는데 카운터에서 사장인가 하는 사람이 한 말이 내 기분을 더 상하게 했다.

"손님이 잘못 예약하신 것 맞죠? 착각하신 거죠?"

밑에서부터 화가 확 올라왔다. 이 집을 다시는 오지 않겠다는 마음이 들었다. 모두 9명이 갔으니 오천 원씩 추가 부담을 한다고 해도 4만 5천 원이다. "손님 죄송합니다. 예약하는 과정에서 우리 직원이 실수한 것 같습니다. 제가 1만 5천 원씩 계산해서 받겠습니다. 정말 죄송합니다. 다음에는 착오가 없도록 더 신경 쓰겠습니다." 라고 했다면 얼마나 감동적이었을까.

『한 번 더 세일즈』, 오정환, 호이테북스

이 경험을 나는 내 책 『한 번 더 세일즈』에 집어 넣었다. 고객관리의 중요성을 강조하기 위한 글에 이런 사례를 소개함으로써 내용을 풍부하게 하고, 독자가 지루하지 않도록 했다.

짧은 글쓰기

책은 원고지 분량이 많다. 800~1,000장을 써야 책 한 권이 된다. 책은 모두 길게 이어진 것이 아니라 주제별로 나눈 짧은 글들을 모아 놓은 것이다. 짧은 글을 모으면 책이 된다. 그러므로 책을 쓰고자 하는 사람은 짧은 글을 많이 써 봐야 한다. 앞에서 이야기한 것처럼 나도 지방 일간지에 독자 투고를 하며 글쓰기 연습을 했다.

1,500자 정도면 원고지 8장 정도다. 1,000자도 괜찮다. 원고지 5장 정도다. 흔히 쓰는 A4용지 한 장이다. 이런 글을 많이 써 봐야 한다. 짧은 글을 연습하기 위하여 블로그를 만드는 것도 좋다. 자신과 약속하라. 일주일에 한 편을 올리든지, 2주에 한 편을 올리든지 꾸준히 하겠다고. 뭐든지 하면 할수록 늘듯 글쓰기도 마찬가지다. 다만 글쓰기의 원칙을 세우고 쓰자. 그 원칙은 다음과 같다.

1. 멋진 말을 유식하게 쓰려는 욕심을 버려야 한다. 글은 읽는 사람이 쉽게 읽을 수 있도록 머릿속에 있는 생각을 진솔하게 풀어내면 된다. 일부러 머리를 쥐어짜 근사한 단어로 꾸미려고 해서는 안 된다.

2. 단어 하나라도 제대로 쓰려고 노력해야 한다. 바른 표기가 헷갈리는 낱말은 사전을 찾아 써야 한다. 문자메시지나 카카오톡에 익숙하여 맞춤법을 가볍게 보는데 그것은 글을 쓰는 사람의 자세가 아니다.

3. 주제가 뚜렷해야 한다. 주제가 없는 글은 횡설수설이다. 책 한 권도 하나의 주제로 관통해야 하는데 하물며 짧은 글이야 말해 무엇하겠는가. 이것저것 자기 생각을 늘어놓은 것은 좋은 글이 될 수 없다. 그중 한 가지를 잡아서 물고 늘어져야 읽는 사람에게 강한 인상을 줄 수 있다.

이 세 가지 원칙하에 글 한 편을 쓴다면 제일 먼저 무엇을 해야 할까? 주제를 정해야 한다. 주제는 스스로 정할 수도 있고, 원고 청탁을 받는다면 지정받을 수도 있다. 흔히들 'OO 주제에 대해 써 주세요.'라고 청탁을 한다.

주제를 정한 다음에는 무엇을 할까? 짧은 글이든지, 긴 글이든지, 책을 한 권 쓰든지 간에 모두 다음 순서에 따라 진행하면 된다.

1. 주제 정하기

2. 읽는 사람과 글의 목적 고려하기

3. 주제에 맞는 소주제 적어 보기

4. 구성하기

5. 초고 쓰기

6. 글 다듬기

7. 발표하기

1_ 주제 정하기

앞에서 말했듯이 주제는 당신이 정할 수도 있고 부탁을 받을 수도 있다. 가장 중요한 것은 당신이 쓸 수 있는 주제인지 파악하는 것이다. 쓸 내용도 없는데 억지로 쓴다면 필요 없는 글이 된다. 알맹이 없이 횡설수설하는 강의를 들어 본 적이 있는가? 그것처럼 지루하고 영양가 없는 게 또 있을까? 수강생의 귀한 시간을 빼앗는 격이다.

2_ 읽는 사람과 글의 목적 고려하기

예를 들어 주제를 '세일즈 기법'으로 정했다고 가정하자. 이 글을 읽는 사람이 누구이며 이 글을 왜 읽으려고 하는지를 알아야 한다. 대상이 초보 세일즈맨인지, 경력자인지, 세일즈 매니저인지에 따라 글은 달라진다. 글을 쓰는 목적도 뭔가를 주장하여 설득하려는 것인지, 정보만을 전달하려는 것인지에 따라 글의 성격이나 문체가 달라질 수 있다.

3_ 주제에 맞는 소주제 적어 보기

세일즈 기법은 큰 주제이다 보니 범위가 너무 넓다. 무엇을 써야 할지 막막할 수 있다. 그럴 때는 범위를 좁혀야 한다. 예를 들어 초보 세일즈맨에게 세일즈 기법에 관한 정보를 주는 것으로 가닥을 잡았다고 가정하자. 그렇더라도 그 많은 세일즈 기법 중 무엇을 말해야 할지 고민이 아닐 수 없다. 이럴 때는 다음과 같이 무엇을 쓸지 적어 보는 것이 좋다.

가망 고객 찾기/고객과 친해지는 법/고객의 믿음을 얻는 법/고객과 상담하는 법/ 고객의 문제를 알아내는 법/고객의 욕구를 강화하는 법/고객의 거절을 처리하는 법/망설이는 고객에게 구매를 결정하게 하는 법/고객에게 상품을 설명하는 법/고객의 호기심을 자극하는 법/고객관리 방법

이 밖에도 세일즈 기법은 많다. 이 가운데 '초보 세일즈맨에게 가장 필요한 게 뭘까?', '초보 세일즈맨에게 가장 해 주고 싶은 말이 뭔가?'와 같은 것들을 생각한 다음 한 가지 주제를 고르면 된다.

4_ 구성하기!

'고객과 상담하는 법'을 주제로 정했다고 가정하자. 대상도 정해졌다. 이제는 뼈대를 만들어야 한다. 처음은 무슨 말로 시작할지, 상담을 할 때 무엇이 필요하고 무엇을 주의해야 하는지, 사례는 무엇으로 할지, 마무리는 어떻게 할지 구성해야 한다. 이 단계에서는 많은 생각을 해야 한다. 생각을 많이 할수록 쓸 것들이 나뭇가지처럼 뻗어 나간다.

5_ 초고 쓰기

글의 구성이 다 되었으면 초고를 써야 한다. 일단 한번 쭉 써 보자.

앞에서 자유 쓰기를 배웠을 것이다. 구성안을 앞에 놓고 쭉 써 내려가면 된다. 이 과정에서도 새롭게 떠오르는 생각들이 있을 것이다. 주제에서 벗어나는 것이 아니라면 상관없다.

6_ 글 다듬기

글을 다듬기 위해서는 초고를 일정 기간 묵혀야 한다. 하루가 걸릴 수도 있고, 며칠이 걸릴 수도 있다. 다시 보면 고쳐야 할 것들이 나온다. 먼저 내용이나 전개가 글을 쓰는 목적에 맞는지 살펴봐야 한다. 혹 빼먹은 것은 없는지, 덧붙여야 할 것은 없는지도 확인해야 한다. 그 다음에 낱말은 정확한지, 지나치게 어려운 낱말을 쓴 것은 아닌지, 맞춤법이나 띄어쓰기는 제대로 했는지 봐야 한다.

그런데 이 모든 것을 한꺼번에 보는 것은 쉽지 않다. 나는 따로따로 보며 다듬는다. 예를 들어 이번에는 쓸데없는 군더더기를 없애기 위해서 읽고, 다음에는 늘어진 문장이 없나 살펴보고, 그다음에는 띄어쓰기를 잘못한 곳이 있나 살펴보는 식이다. 이렇게 몇 번씩 읽고 또 읽으며 다듬어도 틀린 곳이 나온다. 글 한 편을 잘 쓰려면 다듬는 과정을 수없이 반복해야 한다.

7_ 발표하기

글을 발표한다고 생각하면 더 정성을 기울이게 된다. 앞에서 이야기했듯이 글쓰기를 탄탄하게 하는 좋은 방법이다.

첨삭 지도 받기

당신은 몸이 아프면 병원에 가 의사를 만나 상담하고 진단을 한 후 처방을 받을 것이다. 글쓰기도 마찬가지다. 당신이 그 분야의 전문가라 해도 글쓰기의 전문가는 아니다. 따라서 글쓰기 전문가를 만나 상담하고 진단을 한 후 처방을 받을 필요가 있다. 그러면 적은 노력과 시간으로도 훨씬 좋은 결과를 얻을 수 있다.

짧은 글을 써서 전문가에게 첨삭 지도를 받는 것도 글을 탄탄하게 하는 데 좋은 방법이다. 그러면 글쓰기가 정말 빠르게 는다. 내가 개설한 '무조건 책 쓰기 강좌'에서는 수강생들이 짧은 글을 써서 카페에 올려놓으면 내가 직접 첨삭 지도를 한다. 몇 번만 해도 글쓰기가 놀랄 만큼 좋아지는 것을 알 수 있다. 다음은 수강생이 보내 준 짧은 글을 첨삭 지도한 것이다.

웬만하면 넉넉하다

‘우리 엄마가 저렇게 상냥하고 좋은 사람이면 얼마나 좋을까?’ 어릴 적 이야기책을 읽

으며 남의 엄마를 부러워하곤 했다. 동화 속 공주님의 엄마는 정말 완벽했다. 아름답고 우
(부러워했다) ‘~곤’은 영어   (공주님 엄마) ‘의’를 빼고도
해석 투 문장입니다.   말이 되면 빼십시오.

아하고 친절하며 끼니마다 진수성찬을 차려 주고 관대한 부자이기까지 하다. 거기에 비
(아름답고 우아하고 친절했다. 끼니마다 진수성찬을 차려주고 관대한 부자이기까지 했다.)

하면 우리 엄마는 뚱뚱하고 촌스럽고 지독한 구두쇠에 반찬은 매일 멸치에 김치뿐이다.
(거기에 견주면 우리 엄마는 뚱뚱하고 촌스러웠다. 지독한 구두쇠라 반찬은 매일 멸치와 김치뿐이었다. 게다가 수틀러

수틀리면 욕하고 때리기도 한다.
면 욕하고 때리기까지 했다.)

환상적이고 완벽한 아름다운 부인이 정말 나의 엄마로 나타난다면 어떨까? 매일 맛있
(완벽하게)   (우리)

고 다양한 음식을 먹고, 시험을 망쳐도 야단맞지 않고, 주머니는 늘 넉넉할 것이다. 공부
(맛있는 여러 가지)

스트레스는 안녕, 하루 종일 오락에 빠져 있어도 잔소리 들을 일 없다. 많은 아이들이 어
(안녕이고,)

릴 때의 나처럼 완벽한 부모를 꿈꾸고, 또 부모는 부모대로 자녀의 필요를 충분히 채워 주
(때)

지 못하는 자신을 스스로 부끄러워하고 미안해한다.
(못해)

그럼 과연 그렇게 모든 것을 잘 채워 주는 엄마가 가장 좋은 엄마일까? 어른인 우리는
(삭제)

그런 능력 있고 완벽한 부모가 되기 위해 노력해야 하는 것일까?
(삭제)   (있는)

영국의 대상관계 심리학자 도널드 위니컷은 그렇지 않다고 한다. 그는 수많은 임상 경
(임상경험으로)‘~을 통하여’

험을 통해 아이를 망치는 엄마는 아이의 필요를 즉각적으로 만족시켜 주는 ‘완벽한 엄
도 가능하면 안 쓰는 것이 좋습니다.   (아이 필요)

마'임을 발견했다. 그런 엄마의 양육을 받은 아이들은 현실을 제대로 받아들이지 못하
(라는 사실을)

고 스트레스에 취약해진다. 결국 사회에 적응하지 못하고, 독립한 개인으로서 건강하게

성장하지 못한다는 것이다.

그렇다면 어떤 엄마가 좋은 엄마일까? 위니컷은 '웬만큼 좋은 엄마(good enough

mother)' 면 된다고 한다. '웬만큼 좋은 엄마' 는 모성의 본능에 따른다. 아이를 안아 주고

쓰다듬고 바라봐 준다. 아이가 못되게 굴면 어느 정도 참다가 화를 내기도 하고, 현실의 한

계 때문에 아이가 원하는 것을 주지 못하기도 한다. 아이는 좌절을 겪지만 엄마가 제공하

는, 안아 주는 환경 속에서 버틸 힘을 얻는다. 실패와 좌절은 마치 예방주사처럼 세상에 대

한 면역력을 강화시켜 주어서 건강한 삶을 살도록 도와준다. 꺾이지 않는 한 더 큰 실패가
       (강화하여)

큰 사람을 만든다.

그렇다면 과연 직장에서는 어떤 사람이 좋은 상사일까?

모든 일을 친절하게 가르쳐 주고, 언제든 내가 힘들면 내 일까지 대신 해 주는 상사면 정

말 좋지 않을까? 그런 상사는 없을뿐더러 있으면 해가 되는 사람이다. 신입사원 시절 내

게는 두 명의 선배가 있었는데 한 명은 내게 정말 많은 지식을 가르쳐 주었다. 어떤 날은
       (선배 두 명이)

회사 뒤편 구석에서 그의 기술 강의를 두 시간 이상 들은 적도 있었다. 막힘없이 좔좔 쏟
            (삭제)   (있다)

아져 나오는 그의 전문 지식은 나를 압도하게 만들고 그에 대한 경외심을 느끼게 했다. 다
         (삭제)   (압도하였고)   (그에게)

른 한 명의 선배는 그런 식으로 많은 것을 가르쳐 주지는 않았다. 그러면서 일은 많이 시
(삭제)

켰다. 그리고 이런 문제가 있을 때는 누구를 찾아가 볼 것이고, 어디에 어떤 자료가 있으니
(삭제)

필요하면 찾아보라는 식이었다. 선배 자신도 열심히 일해서 성과를 만들었고, 내가 만든

결과에 대하여 때로는 냉정하게 피드백을 주었다. 돌이켜 보니 내가 업무를 잘 해내도록
(삭제)

도운 것은 두 번째 상사의 지도 방식이었다고 생각한다. 그 선배에게 야단도 많이 맞고 혼
(삭제)   (삭제)

이 나기도 했지만 그가 언제나 내 편이고 나를 배신하지 않을 사람이라는 믿음이 있었다.

그래서 우리의 관계는 지금까지 오래 지속되고 있다.
(우리 관계는)   (삭제)

완벽한 미모, 완벽한 조건, 완벽한 배우자, 완벽한 엄마, 완벽한 직장, 완벽한 상사… 완

벽이 판치는 세상에서 완벽하지 않은 보통 사람들은 뭔가 불편하고 미안해야 할 것만 같

다. 그러나 가장 좋은 부모가 '웬만큼 좋은 부모' 이듯이 가장 좋은 상사는 '웬만큼 좋은

상사(good enough boss)' 이다. 아 자식이건 부하이건 그들이 좌절을 겪게 하라. 그들의
('다' 앞 단어에 받침이 있으면 '이다'로 끝나고   (건)
받침이 없으면 '다'로 끝납니다.

일을 대신하지 마라. 다만 그 힘든 상황을 함께 하고 있다는 믿음을 주고, 안아 주는 환경
(삭제)

을 만들어 주는 것이 웬만큼 좋은 우리가 할 역할이다. 웬만하면 넉넉하다.
('웬만하면')

결정하기 전에 때를 확인하라

"모든 결정은 타이밍이다" 라는 말이 있다. 이 말은 결정의 내용도 중요하지만 결정을
(삭제)　　　　　　　　　　　　　　　　　(결정할 내용도)

하는 시간의 중요성에 대하여 강조하는 것이다. 좋은 내용인데 결정하는 때를 잘못 선택
(할 시간도 중요하다는 뜻이다)　　　　　　　　　　　(삭제)

해서 그 결정에 대한 효과가 반감된다든지, 더 나쁘게는 차라리 그 결정을 내리지 않는 것
(삭제)

이 더 나을 뻔했다는 생각이 들 때도 있다. 이렇듯 결정의 시간이 결정의 결과를 좌우하는
(삭제)

일이 많다.

　왜 이러한 현상이 일어날까? 결정의 결과가 환경이나 상황에 따라서 변화하기 때문이

다. 자신이 생각한 대로 진행이 되는 상황이 있고, 그렇지 못한 경우도 있기 마련이다. 따

라서 자신의 결정이 최선의 결과를 가져올 결정의 시간을 선택하는 것이 중요하다.
(삭제)　　　　　　　　　　　　　　　　(삭제)

　그렇다면 왜 사람들은 잘못된 시간에 결정을 할까? 감정에 치우치거나, 상황적으로 어
(사람들은 왜 시간 결정을 잘 못할까?)　　　　　　　　　(어쩔 수 없이

쩔 수 없이 좋지 않은 때에 결정을 하는 경우도 있다. 하지만 많은 경우 그 결정으로 내가
상황이 좋지 않을)　　　　　　　　(하기 때문이다)　　(또는)

얻을 수 있는 최대의 결과를 생각하지 않기 때문이다. 결정 시간을 잘못 선택해서 결과가
(않아서다)　　(삭제)

좋게 나오지 않았을 경우, 대부분은 '어쩔 수 없지 뭐.' 라고 하면서 그냥 지나친다. 사실
(좋지 않으면)

은 상당히 손해를 본 것이다. 아마 어느 정도 손해를 보았는지를 확인하면 깜짝 놀랄 것이
(꽤 손해를 보았는데 말이다)

다. 그럼에도 그러한 손해를 대수롭지 않게 지나치는 것은 최대의 결과에 분명한 기대가
(삭제)　　　　　　　　　　　　　　　　　　　(최대 결과)

없었기 때문이다.
(삭제)

  의사 결정의 시간을 잘못 선택하는 것을 '차선의 선택' 이라고 할 수 있다. 결정을 한 사람은 그때가 최선이라고 생각했지만 결과를 놓고 보면 최선이 아닌 차선의 선택을 한 것이다. 많은 사람들이 차선의 결정을 하는 데 익숙해져 있다. 차선 선택의 장점은 많이 고민하지 않아도 된다. 그래서 쉽게 결정을 하다보면 소위 말하는 2% 아쉬운 결정들을 계
(된다는   (삭제)   (삭제)
것이다)
속하게 된다.

  처음에는 별것이 아니었지만 그 2%의 아쉬운 결과가 쌓여서 나중에는 상당한 차이를
(아주 많은)
확인하게 된다. 이렇게 적절한 결정의 시간을 놓치는 것이 지속되면 습관이 된다. 차선을 선택하는 것이 습관이 되면, 최선의 결정에 아쉬움이 사라진다. 더 좋은 결정을 하려고 노력하기보다는 습관적으로 결정하고, 결정의 결과에 무감각해진다. 최선과 차선은 동기나 결과에 큰 차이가 있다.

  마시멜로 실험을 들은 적이 있을 것이다. 미국 스탠퍼드 대학의 월터 미셀 박사는 4세의 아이들에게 마시멜로를 하나 주고 15분 후에 다시 올 때까지 먹지 않으면 하나를 더 주겠
(마시멜로 하나를 주고)
다고 약속을 한다.(아이들 중 일부는 15분을 기다렸고, 일부는 참지 못하고 먹어 버렸다.)
(약속했다)

  14년 후 실험에 참여했던 아이들을 다시 확인한 결과 15분을 참고 기다렸던 아이들이 그렇지 않은 아이들보다 학업성취도나 학교생활내용이 매우 좋았다고 한다. 앞의 실험

에서 생각해 볼 수 있는 것은 마시멜로를 먹는 시간에 대한 올바른 결정이다. 15분 후에
('언제 마시멜로를 먹느냐'하는 시간을 결정하는 문제다.)   (삭제)

'하나 더'에 기대감이 없는 아이들은 바로 마시멜로를 먹었고, 15분 후에 '하나 더'에 기
(삭제)

대감이 있는 아이들은 참았다. 그리고 마시멜로를 하나 더 받았다. 그 실험 대상에 대한
(이 실험을 보더라도)

추적조사는 의사 결정의 올바른 시간에 대한 습관이 어느 편이든 지속적으로 삶에 영향
(의사결정 시간을 잘 선택하는 습관이)   (삶에 지속적으로)

을 미치는 것을 확인할 수 있다.

결정 시간과 관련해서 좀 더 나은 결과를 얻을 수 있는 간단한 방법을 생각해 보기로 한
(그러면 어떻게 하면 결정 시간을 올바로 선택할 수 있을까?)

다. 일반적으로 의사 결정의 시간은 자신이 선호하는 경우는 의사 결정 시간을 당기고, 선

호하지 않으면 결정을 미룬다. 시간을 당겨서 결정하는 경우든 미루어서 결정을 미루어
(삭제)-글 전개에 필요하지 않습니다.

서 결정하든 차선의 선택을 하는 것이 된다. 특히 미루는 경우는 문제를 더 크게 만들어서

어려움이 가중될 것이다. 가장 적절한 시간에 결정하는 방법은 자신이 의사 결정을 하는
(좋은 방법은)

일에 최대의 기대치를 측정해 보는 것이다. 긍정적인 결정이라면 최대치가 될 것이고, 부
(가장 좋은 결과를)

정적인 경우라면 최소치가 되어야 할 것이다.
(결정이라면)   (된다)

기대한 최대의 결과치에 가장 근접했을 때가 결정을 위한 가장 올바른 시간인 것이다.
(가장 좋은 시간이다)

올바른 의사 결정 시간을 지속적으로 실행하기 위해서는 그 결정의 최대치를 산정한 자

신의 결정을 신뢰하고 그 때를 기다리는 것이 중요하다. 처음에는 쉽지 않겠지만 주의 깊

게 생각하며 몇 번 반복하면 상당히 발전되는 자신을 발견할 수 있다.
(매우 발전하는)

피터 드러커는 "의사 결정 시간은 신중함과 신속성 사이에서의 균형을 어떻게 유지할
(사이에서)

것인가?"가 가장 중요하다고 말했다. 적기(適期)에 대한 동물적인 판단력에 의존하기보
(감)

다는 일상적인 현상들의 변화에 대한 예민한 관찰이 오른 결정 시간을 위한 보다 현명한
(현상들이 어떻게 변화하는지 자세히 관찰하면 결정할 때를 찾을 수 있다.)

방법이다.

글 구성법

논설문과 설명문

논설문은 서론·본론·결론 3단계로 전개한다. 서론은 본격적인 내용으로 들어가기 전 실마리에 해당한다. 본론은 자기가 하고 싶은 이야기를 주장하는 것이고, 결론은 '본론에서 살펴본 바와 같으니 내 주장은 이렇다.'고 다시 한 번 강조하는 것이다. 다음 글은 논설문이다.

■ 결코 사소하지 않다 ■

요즘 식당에 가면 음식 맛은 큰 차이가 없다. 다들 맛있게 잘한다. 그런데 어느 식당은 손님이 넘치고 어느 식당은 파리가 넘친다. 원인은 어디에 있을까? 서비스나 화장실 같은 부대시설이 어떠냐에 따라 갈린다. 매운 닭발을 아주 잘하는 집이 있었다. 배달 전문점으로 돈을 번 사장은 치킨집을 인수하여 배달도 하며 홀에 손님도 받았다. 그런데 배달 전문으로 하던 때보다 오히려 장사가 안 된다고 한숨이다. 그럴 수밖에 없는 게 일단 홀이 어두컴컴하다. 밖에서 보면 문을 닫았는지 열었는지 알 수가 없다. 홀에 들어가도 의자나 테이블이 기름 낀 것처럼 끈적거리고, 화분 하나 없는 게 분위기가 빵점이다. 아무리 맛이 좋아도 분위기가 어수선하고 아늑하지 않은데 누가 그곳에서 치킨에 맥주를 마시겠는가.

대기업 인사부장으로 있는 친구에게 들은 이야기다. 누군가 승진을 하면 화분이 많이 들어오는데 그것을 여러 사무실에 나눠 준다고 한다. 그런데 나중에 보면 화분을 잘 키우는 사무실이 있는가 하면 죽여 버리는 사무실이 있다는 것이다. 화분은 햇볕 잘 드는 곳에 두고 물만 제대로 주면 잘 죽지 않는다. 어려운 일이 아니다. 그런데 제대로 관리하지 못해 화분을 죽이는 부서는 그만큼 업무 분장이 안 되어 있다는 것이고, 이런 부서가 일을 제대로 할 까닭이 없다는 것이다. 조직 개편이 있을 때 없어지거나 다른 부서와 합쳐지는 부서는 대개 화분을 죽인 부서라는 것이다.

치킨집이나 사무실이나 사소하다고 생각한 것이 사실은 전부를 보여 주고 있는 것이다. 책상 위가 지저분한 사람은 자신의 무능력을 자랑하는 것이다. 정리 정돈을 못하는 사람은 자기 업무를 깔끔하게 처리할 수 없다. 화장실이 지저분한 회사, 쓰레기통 주변이 지저분한 회사는 미래가 없다. 사소한 것이 결코 사소하지 않다. 약속을 자주 어기는 사람, 늘 지각하는 사람, 준비물을 잊고 안 가져오는 사람, 작은 돈을 빌리고도 말하기 전엔 절대 갚지 않는 사람들, 한 가지로 사람 전체를 평가해도 그리 틀리지 않는다. 절대 큰일을 맡겨서는 안 된다.

앞의 글은 세 단락이다. 각각의 단락별로 서론, 본론, 결론이다. 서론에서는 음식 맛은 큰 차이가 없는데 잘되는 식당과 안 되는 식당이 있다는 것을 전제하고, 그 이유는 종업원들의 서비스와 화장실 같은 부대시설에 있다면서 글의 실마리를 풀었다. 본론에서는 치킨집과 대기업 사무실을 예로 들어 사소한 것이 얼마나 중요한지 강조하고 있다. 결론 부분에서는 사소한 것이 결코 사소한 것이 아니며 이런 것에 소홀한 사람은 큰일도 못할 사람이니 큰일을 맡겨서는 안 된다고 주장하고 있다. 전형적인 논설문 형식이다. 하나만 더 보고 가자.

■ 또다시 불거진 감사원 중립성 훼손 논란 ■

① 양건 감사원장이 임기를 1년 7개월 남겨두고 전격 사퇴한 것을 두고 논란이 일고 있다. 양 원장이 청와대의 논공행상 식 인사 개입에 반발해 물러났다거나, 4대강 감사 결과를 둘러싼 권력 내부의 갈등 탓에 사퇴했다는 이야기가 나온다. 이유야 어찌 됐든 임기 4년의 감사원장이 중도에 사퇴한 것은 감사원의 중립성이 또다시 훼손된 중대 사안이 아닐 수 없다.

② 무엇보다 양 원장 사퇴가 청와대의 무리한 인사 개입과 연관됐을 가능성이 제기되는 것은 매우 우려스럽다. 청와대는 공석인 감사위원에 지난 대선 때 새누리당 선대위 정치쇄신특위 위원을 지냈고, 박근혜 정부 인수위의 정무 분과 위원을 지낸 장훈 중앙대 교수를 내정하고 양 원장에게 제청하도록 종용했다고 한다. 하지만 양 원장은 캠프 출신 인사가 독립기관인 감사원의 감사위원으로 오는 것은 바람직하지 않다는 입장을 보이면서 결국 사퇴로 이어졌다는 것이다.

③ 양 원장 사퇴가 감사위원 인사 때문인지는 좀 더 지켜봐야겠지만 박근혜 정부에서도 감사원의 정치적 중립성을 훼손할 만한 인사가 추진된 것만으로도 큰 문제가 아닐 수 없다. 이명박 정부에서 대선 캠프 출신인 은진수 감사위원을 임명함으로써 감사원 독립성이 크게 훼손된 것을 지켜본 터에 또다시 현 정부에서 캠프 인사를 감사위원으로 임명하려 든 것은 무모하기 짝이 없다. 과거 정권의 잘못된 인사를 반면교사 삼아도 모자랄 판에 이를 따라 하는 것은 비판받아 마땅하다.

④ 양 원장 사퇴가 4대강 감사를 둘러싼 권력 다툼 때문이라는 설도 한심하긴 마찬가지다. 이명박 정부가 대운하를 염두에 두고 4대강 사업을 했다는 지난 7월의 3차 감사 결과를 놓고 권력 내부에서 이런저런 분란이 일자 양 원장이 결국 토사구팽 됐다는 것이다. 이유야 어찌 됐든 감사원장이 감사 결과 때문에 정치적 희생양이 됐다면 정치적 중립성을 훼손하는 일이다. 감사원의 4대강 감사를 둘러싼 이런저런 논란이 양 원장 사퇴로까지 번진 만큼 어떤 방식으로든 그 진상이 명확히 규명돼야 할 것이다.

⑤ 감사원의 정치적 중립성 논란은 정권이 바뀔 때마다 되풀이되고 있다. 정권이 감사원을 통치에 이용하려 들기 때문이다. 국가기관에 대한 감사가 독립적으로 이뤄지는지 여부는 민주주의의 핵심 요소다. 지금처럼 감사원 중립성 논란이 매번 되풀이돼서는 선진 민주주의라고 할 수 없다. 감사 기능의 국회 이관 등 제도적 방안도 더욱 연구해야 한다. 무엇보다 중요한 것은 정권이 감사원을 수족 부리듯 해선 안 된다는 점이다. 그것이 당장은 편할지 모르지만 결국은 정권에 독이 될 수 있기 때문이다.

「한겨레」, 2013. 08. 25

앞의 글은 '감사원 중립성 훼손은 안 된다.'는 글쓴이의 주장을 잘 전달하고 있다. 이글은 5단락으로 구성했다. ①이 서론이다. ②, ③, ④는 본론이고, ⑤가 결론이다. 서론에서는 감사원장이 중도 사퇴한 것은 중립성 훼손이라며 문제제기를 했다. 본론에서는 중도 사퇴한 배경과 이것이 왜 문제가 되는지 짚었다. 결론에서는 감사원의 정치적 중립성 보장을 주장하고 있다.

이와 같이 모든 논설문은 자기가 주장하고 싶은 것을 서론·본론·결론 3단계로 전개한다. 잘 쓴 논설문은 논리가 명확하고 주장이 확실하다. 주제가 많고, 논리가 두리뭉실하고, 결론이 명확하지 않으면 좋은 글이 아니다. 읽는 사람이 헷갈려 한다.

다음은 설명문을 보자. 설명문은 머리말-본문-맺음말의 구조를 가진다. 독자에게 정보를 주려고 설명하는 것이니 논설문처럼 자기 주장이 들어가지 않는다.

■여름철 녹을 뻔한 내 車… 폭염 후 필수 관리법은?■

연일 계속되는 여름철 폭염은 사람뿐만 아니라 자동차도 지치기 마련이다. 30도가 훌쩍 넘는 뙤약볕에 차체가 달궈지는 것은 물론 실내 온도 역시 외부 온도의 2~3배까지 상승해 자동차에 무리를 줄 수 있다. 햇빛 차단막 사용하기, 창문 1cm 열어 놓기 등 차량 실내 온도를 낮추기 위한 다양한 정보가 존재한다. 하지만 폭염이 지난 후 차량 점검의 필요성을 아는 운전자는 많지 않다. 이를 대비해 중고차 사이트 카즈는 '폭염 후 내 차 관리법' 을 소개했다.

1_폭염 후 엔진 관리법

높은 기온이 계속되는 여름철 엔진 온도는 겨울의 두 배 이상인 200도에서 300도까지 올라간다. 이런 엔진을 위해 냉각수 점검은 필수다. 냉각수는 높은 온도의 라디에이터로 이동해 엔진을 냉각시키는 역할을 하며 냉각수의 오염도가 심하거나 부족하면 엔진이 과열될 수 있다. 2년 혹은 4만km의 교환주기를 갖는 냉각수지만 여름철 높은 온도에 장시간 노출될 경우 고온으로 인해 냉각수 성질이 변할 수 있다. 냉각수 오염도가 심하고 냉각수 탱크에 냉각수가 부족하다고 판단될 경우 부동액과 냉각수를 5:5 비율로 혼합하여 냉각수를 보충해 준다.

2_ 타이어, 뜨거운 길 위에서 마모도 더 심해

엔진 관리 못지않게 중요한 것이 타이어 관리다. 여름철 폭염으로 60도까지 달아오르는 아스팔트 도로를 달리다 보면 타이어 마찰력이 커지게 되고 결과적으로 마모도는 더욱 높아진다. 타이어 마모도를 확인하는 방법은 트레드(바퀴 표면)의 홈 깊이를 살펴야 한다. 타이어 마모도는 100원짜리 동전 하나면 누구나 손쉽게 측정할 수 있다. 100원짜리 동전을 거꾸로 홈에 끼웠을 때, 이순신 장군의 모자가 전부 보이면 타이어를 교체할 때가 되었다는 뜻이다. 또한 타이어 공기압도 체크해야 한다. 여름철에는 낮과 밤의 일교차가 크기 때문에 타이어 내부의 공기가 팽창, 수축을 반복하면서 쉽게 공기가 빠져나갈 수 있다. 타이어를 정면으로 봤을 때 접지면 끝 부분이 땅에 닿지 않도록 적정 압력을 유지해 줄 필요가 있다.

3_ 블랙박스 떨어질수도

최근 들어 운전자들의 블랙박스 사용이 높아졌다. 하지만 뜨거운 여름철 상승한 자동차 실내온도로 인해 블랙박스가 손상을 입을 수 있다. 높은 온도에서 블랙박스를 작동할 경우 화질이 저하되거나 메모리가 훼손될 수 있다. 또한 블랙박스 거치대가 유리와 부착되는 접착테이프 부분이 고온으로 인해 약해질 수 있다. 운행 중 블랙박스 무게를 이기지 못하고 떨어지는 경우가 생길 수 있으니 폭염이 지난 후 양면테이프 부분이 튼튼한지 확인해 보도록 한다.

카즈 고객센터 김인숙 팀장은 "자동차는 몇 만 개의 부품이 결합된 섬세한 기계이기 때문에 여름철 고온에 노출될 경우 필히 점검이 필요하다" 며 "계절에 맞는 차량 점검으로 후에 있을 문제를 예방하는 습관이 바람직하다" 라고 말했다.

「동아일보」, 2013. 08. 29

이와 같이 설명문은 정확히 머리말-본문-맺음말 구조다. 비즈니스 책은 논설문 형식과 설명문 형식을 합쳐 놓은 것과 같다. 책 속에는 많은 글이 들어가지만 짧은 글들의 연속이다. 그 짧은 글이 때로는 설명문이 되기도 하고 논설문이 되기도 한다.

그래서 새로운 형식을 만들었다. 바로 '시스코(SISCO)'다. 시스코 이론의 기본 구조는 다음 표와 같다. 글에 S-I-S-C-O를 반드시 순서대로 전개할 필요는 없으나 모두 들어가야 글이 풍성해지고 전달력이 좋아진다.

시스코 이론

S(Subject) 주제, 목적, 이유, 동기

I(Information) 정보, 상황, 배경

S(Substance) 개요, 내용, 본질, 핵심

C(Case) 사례, 증거, 통계

O(Opinion) 의견, 견해, 생각, 느낌

1_ S(Subject) 주제, 목적, 이유, 동기

글에는 쓰려는 주제·목적·이유·동기가 무엇인지 정확히 들어가야 한다. 이것이 글쓰기의 첫 단계다. '무엇을 쓸 것인가?'라는 질문은 그래서 중요하다. 무엇을 주장하는 논설문이나 설명문도 뚜렷한 주제가 있어야 한다. 책을 쓰는 것도 마찬가지다.

주제가 없는 책은 있을 수 없다. 책은 일단 자신이 쓰고 싶은 주제를 정하고(제목), 그 주제를 뒷받침하는 소주제(목차)로 엮어 가는 것이다. 그래서 책을 어떤 내용으로 전개하고 있는지 알려면 목차를 보면 된다. 쉽게 이야기하면 쓰고 싶은 글감이 바로 주제다. 좋은 책(글)은 일관성 있게 주제를 이야기한다.

2_ I(Information) 정보, 상황, 배경

주제가 정해지면, 이런 주제로 글을 쓰게 된 배경을 써야 한다. 시사성 있는 글이라면 현재 상황을 설명해야 한다. 무엇을 설명하는 글을 쓴다면 배경지식이 필요하다.

앞에서 제시한 '여름철 녹을 뻔한 내 車… 폭염 후 필수 관리법은?'을 보자. 여름철 폭염 후에는 차량에 여러 가지 문제가 생길 수 있으니 폭염 후 내 차 관리법을 소개하겠다고 글을 쓰는 배경을 설명했다. 영화평을 쓴다면 영화감독은 누구이며, 제작비가 얼마나 들었는지 쓰는 것이 여기에 해당한다.

이런 정보·상황·배경 설명은 독자가 글을 잘 이해하도록 돕는다. 다음 글을 보자. 경향신문에 '생계형 가계부채 해결을 위해'라는 제목으로 실린 칼럼이다. 앞부분에 현재 생계형 가계부채 규모가 얼마인지를 밝히며 문제의 심각성을 알리고 있다. 자신의 주장을 전개하기 전에 밝히는 배경 설명이다.

한국은행이 발표한 올해 1분기 가계부채가 총 961조 6,000억 원에 달했다.

1,000조 원을 넘기는 건 시간문제다. 가계부채 해결에서 고려해야 할 것은 주택가격 안정으로 주택담보대출과 같은 투기성 부채는 별로 늘어나지 않은 반면 생계형 부채가 늘어났다는 점이다. 2012년 말 소득 하위 40%가 진 부채 140조 원 가운데 주택담보대출 등을 제외하고 생활비나 전·월세 보증금, 다른 빚을 갚기 위해 진 빚 등은 88조 원이다. 2010년 75조 원에서 2년 새 13조 원이나 늘었다. 전세난이 심화되면서 중산층 가구의 전세 보증금 부채가 급증세를 보여 7월 말 7개 시중은행의 전세 대출 잔액은 10조 5,000억 원으로, 2년 전 3조 5,000억 원의 3배 수준으로 불어났다. 저소득층이 주로 이용하는 고금리의 비은행권 대출액은 3년 사이 50조 원이나 늘었다.

「경향신문」, 2013. 08. 11

3_ S(Substance) 개요, 내용, 본질, 핵심

글의 내용(줄거리)을 쓰는 것이다. 글 전체에서 핵심이 된다. 문제를 제기했다면 해결 방법을 전개하고, 주장을 했다면 왜 그런 주장을 하는지 까닭을 밝혀야 한다. 주제를 일관성 있게 관통해야 한다. 설명문이라면 설명하고자 하는 정보를 독자들이 잘 이해할 수 있도록 전개해야 한다.

따라서 가계부채 대책도 저소득층의 생계형 부채 해결에 초점을 맞추어야 한다. 먼저 저소득층 저신용자의 신용 회복을 정부가 지원해야 한다. 시장에 맡겨두면 저소득층의 상환 불능은 금융기관의 부실과 경제 시스템의 위기를 초래한다. 인위적인 부채 감소 방법은 저소득층의 부채 탕감과 고소득층의 금융자산

상각을 맞교환하는 것이다. 저소득층이 초고금리의 사금융업체 빚의 굴레에서 벗어날 수 있도록 은행에서 저신용자, 저소득층을 위한 대출을 확대해야 한다.

다음으로 저소득층에 대한 주거비 부담 경감과 복지 지출 증가로 저소득층의 생계형 대출 수요를 억제해야 한다. 이와 관련해 민주당은 전·월세 계약 기간 2년이 끝난 뒤 임차인이 원하면 1회에 한해 계약을 연장할 수 있는 계약 갱신청구권을 도입하고, 계약갱신 때는 인상률을 연 5% 이내로 제한하는 내용의 주택임대차보호법 개정안을 국회에 발의해 놓고 있다. 이에 대해 정부는 전·월세 상한제를 시행하면 임대료를 한꺼번에 올려 당장 전·월세 가격이 급등하고 중장기적으로 임대주택의 수익이 감소해 전·월세 공급이 줄어드는 부작용이 우려된다며 반대한다.

「경향신문」, 2013. 08. 11

4_ C(Case) 사례, 증거, 통계

주제나 내용을 뒷받침하는 사례·증거·통계 따위를 말한다. 이런 것들이 들어가야 글이 산다. 독자들은 사례·증거·통계를 읽으며 글의 내용이나 주장을 쉽게 이해할 수 있다.

신고전학파 이론에 입각한 경제학 교과서는 임대료 통제에 대해 극히 부정적이다. 2차대전 당시 시행됐다가 전후에도 존속한 뉴욕시 등의 전·월세 동결 조치는 실제로 부작용을 초래했다. 주택 소유자는 집 수선을 꺼리고 신규 임대주택 건설을 기피한다. 시장가격 이하의 싼 전·월세 때문에 노령 단신가구는 과도한 주거면적을 차지하는 반면 새로 집을 구하는 젊은 층은 주거 난을 겪는다. 집주인이 과도한 입주부담금을 요구하는 등 암시장도 발생한다.

그러나 1980년대 이후 많은 유럽 국가들과 미국의 여러 도시에 도입된 새로운 형태의 임대차 규제는 그런 부작용이 없다. 임차인이 집을 보러 다니고 이사하는 데 많은 비용이 드는 반면 집주인은 집을 비워 놓더라도 임차료를 내리지 않고, 또 지역의 집주인들이 담합하는 등 주택시장은 완전 경쟁적이지 않고 상당히 독점적이다. 임대료 인상 통제와 임차기간 보장은 주택시장의 불완전성을 보완하는 역할을 한다.

「경향신문」, 2013. 08. 11

5_ O(Opinion) 의견, 견해, 생각, 당부

글쓴이의 의견 · 견해 · 생각을 밝히는 것이다. 논설문에서는 주장하는 바를 강조하는 부분이고, 설명문이라면 독자가 놓치기 쉬운 것을 다시 한 번 당부하거나 강조하는 부분이다.

정부 여당은 임대료 인상 규제와 임대차계약갱신청구권 도입 개정을 서둘러야 한다. 이것은 저소득층 복지에 긴요한 주거보조금 도입의 전제조건이기도 하다. 다만 임대료 인상상한을 5%로 일률적으로 하지 말고 물가상승률이나 건축비 상승률과도 연동하는 신축적인 규제가 필요하다. 임대차계약갱신청구도 적정 임대료를 지불하는 한 계속 임차할 수 있도록 임차인의 권리를 더 보호해야 할 것이다. 그리고 법무부에만 설치하고 있고 우선변제를 받을 보증금액의 범위와 기준을 심의하는 역할에 한정된 임대차위원회를 지자체별로도 설치하고 위원회의 역할도 집주인과 임차인 간의 여러 다툼을 처리하도록 확대돼야 할 것이다.

「경향신문」, 2013. 08. 11

시스코(SISCO)에서 처음 S와 I는 논설문에서는 서론에 해당하고, 설명문에서는 머리말이다. S와 C는 본론과 본문이고, O는 결론과 맺음말이다. 책을 쓸 때는 논설문 요소와 설명문 요소를 잘 섞어서 써야 한다.

다른 사람 칼럼 뜯어보기

자, 이제 시스코가 무엇인지 감을 잡았는가? 이제 연습을 해 보자. 칼럼 세 편을 준비했다. 이 칼럼들을 뜯어보자. 그리고 시스코에 따라 나누어 보자. 정답은 없다.

그렇다고 아무렇게나 해서도 안 된다. 칼럼을 분석하며 짧은 글 쓰는 요령을 익히는 것이 중요하다. 모든 책은 이런 글들이 모여서 완성되는 것이다. 짧은 글을 쓸 수 없다면 책을 쓸 수 없다. 먼저 첫 번째 칼럼을 뜯어보자.

■ 경제 살리는 데는 엉성한 체가 좋다 ■

전남대 경제학과 김영용 교수

미세한 밀가루나 광물을 입자의 크기에 따라 골라내는 데는 체를 쓴다. 1

인치 정사각형의 가로와 세로를 각각 10개의 눈(目)으로 나눈 체를 10메시(mesh) 체라고 하며, 이때 1인치 정사각형 면적에는 100(10×10)개의 구멍이 생긴다. 메시의 숫자가 크면 촘촘한 체가 되고 작으면 엉성한 체가 된다. 물론 구멍을 나누는 선재(線材)의 굵기에 따라 골라내는 입자의 크기가 영향을 받는다.

체는 미세한 입자를 골라내는 데만 사용되는 것이 아니라 조직의 직위에 따라 담당자가 할 일을 고르는 데도 비유적으로 사용된다. 이른바 '체론' 이다. 일반적으로 조직의 크기가 작고 업무가 간단할수록 장(長)의 체는 촘촘하며, 크고 복잡할수록 엉성해진다. 또 그래야 한다. 직위가 가장 높은 사람이 체를 치면 아주 굵은 것 1~2개를 제외하고는 모두 빠져나가고, 다음 직위의 사람이 이를 받아 치면 다음으로 굵은 것 1~2개를 제외하고는 모두 빠져나가는 식으로 일이 직급 간에 배분되어야 한다는 뜻이다.

문제는 담당자들이 직위에 맞지 않은 체를 가지고 있는 경우에 발생한다. 특히 가장 높은 직위에 있는 사람의 체에서 아무것도 빠져나가지 않고 모두 걸리는 경우에 문제는 심각해진다. 이는 흔히 최상급자가 모든 사안에 대해 잘 안다고 생각하는 경우에 생기는데, 조직원들은 그의 입만 쳐다보고 반응을 살핌으로써 창조성은 말살되고 조직은 비효율의 덩어리가 된다. 불완전한 인간의 이성과 지식의 한계성을 간과한 채 자신의 통제하에서만 모든 일이 일사불란하게 처리될 수 있다고 생각하는 오류의 결과인 것이다. 그런 사례는 모든 조직에서 어렵지 않게 목격할 수 있다.

수많은 사람이 상호 작용하며 복잡다단하게 돌아가는 거대 사회에서는 이런 문제가 더욱 심각하게 대두한다. 인간의 이성과 지식에 대한 절대적 믿음에 의존하여 중앙집권적 계획으로 지상 천국을 건설하려고 했던 사회주의의 실패 경험은 문제의 심각성을 일깨우는 데 충분하다. 그런데도 대부분의 나라에서는 경제를 개인의 자유의사에 맡기기보다는 계획과 통제의 대상으로 둔다.

그런 현상은 경제 당국자의 성향에서 기인하기도 하지만 세상을 바라보는 경제관의 차이에서 연유한다. 거시 경제 측면을 보면 자유 시장을 옹호하는 경제학자들은 시장 참여자들인 근로자, 토지 소유자, 자본가, 기업가들이 조화롭게 상호 작용하면서 경제가 그 자체적으로 안정적으로 돌아간다고 인식한다. 경제 문제의 대부분을 시장에 맡기라며 작은 정부를 주장한다.

반면에 1929년 대공황 이후 위세를 떨쳐 온 간섭주의적 케인스주의자들은 시장경제가 마치 외발자전거처럼 불안정하다고 인식한다. 이 불안정한 외발자전거를 안정시키기 위해서는 손잡이의 양쪽을 재정정책과 통화정책으로 단단히 잡아 주어야 한다고 생각한다. 당연히 정부 역할을 강조하게 되고, 그런 인식은 미시적인 경제 문제에도 그대로 적용되어 수많은 규제와 간섭을 낳는다.

대공황 이후 지금까지 간섭주의가 득세한 것은 자유 시장경제를 옹호한 루트비히 미제스나 프리드리히 하이에크 등이 영어권 학자들이 아니었다는 우연한 사실과, 가시적 성과를 위해 무엇인가 열심히 일하는 모습을 국민에게 보여 줘야 하는 정부의 입맛에 들었기 때문이다. 그러나 그런 지식은 끊임없이 경제를 뒤흔들었고 그 책임은 항상 시장으로 돌려졌다. 이를 두고 미제스는 경제사는 경제 원리를 무시하고 구상된 까닭으로 실패한 정부 정책들의 기나긴 기록이라고 규정한다.

현 정부가 강조하는 창조경제도 그런 점에서 그 실천 방안을 다시 살펴볼 필요가 있다. 정치적 수사가 일부 곁들여지긴 했지만 창조경제로 한국 경제의 활력을 찾자는 취지는 바람직하다. 그러나 창조경제의 개념도를 보면 각 부처가 그물망 지원 정책으로 달성하겠다는 강한 의지가 보인다.

이는 곧 정부가 촘촘한 체로 경제를 계획하겠다는 것인데 거대 사회를 계획경제로 부흥시킨 인류 역사는 없다. 경제 주체들이 조화를 이루면서 돌아가는 경제의 자생적 질서를 파괴하고 이들의 창의성이 발휘될 수 있는 여지를 말살하기 때문이다. 이성과 지식의 한계를 결코 극복할 수 없는 계획 당국자들이 거대 사회에서 경제 주체들이 때와 장소에 따라 구체적으로 어떻게 상호 작용하면서 경제활동을 하는지 잘 알 수 있는 방법은 없다. 그물망 지원 정책은 결국 그물망 규제로 변질되기 마련이다.

1970년대 1인당 소득 1,000달러 시대와 2010년대 2만 달러 시대의 한국 경제 운용 방식은 분명히 달라야 한다. 그 출발점은 정부가 잘 알 수도 없고, 할 수 있는 일이 그다지 많지도 않다는 사실을 인식하는 데 있다. 정부의 체가 더 엉성해져야 한다는 말이다. 국방 · 치안 · 외교 · 통일 문제와 자유 시장을 위협하는 사기 · 협잡 · 폭력 · 절도 등을 방지하기 위한 법적 제도 문제들만 걸러내고 나머지는 모두 민간으로 보내는 것이 바람직하다. 촘촘한 체는 아예 버리는 것이 좋다.

「조선일보」, 2013. 08. 17

■ S(Subject) 주제, 목적, 이유, 동기 :

■ I(Information) 정보, 상황, 배경 :

■ S(Substance) 개요, 내용, 본질, 핵심 :

■ C(Case) 사례, 증거, 통계 :

■ O(Opinion) 의견, 견해, 생각, 느낌 :

이제 두 번째 칼럼을 뜯어보자.

■ 황금알 낳는 골프 성지 ■

"여기는 올드 코스 프리미엄이 있는 곳이에요. 런던보다 골프 비용이 비싸고, 좋은 곳은 예약하기도 쉽지 않습니다."

박인비의 4연속 메이저 대회 우승 여부로 관심을 모았던 브리티시 여자 오픈이 열린 스코틀랜드 세인트 앤드루스는 '골프의 고향'이란 자부심이 풀 한 포기에도 배어 있는 곳이다. 대회 관계자에게 세인트 앤드루스의 바닷가 코스에서 라운드하는 비용이 얼마냐고 묻자, 대뜸 이런 '친절한' 답변이 돌아왔다.

대회가 열린 올드 코스는 600여 년 전 처음 골프 라운드가 시작돼 오늘에 이르고 있는 골프의 성지다. 세인트 앤드루스는 북해 연안에 있는 인구 1만 7,000명의 작은 도시다. 16세기 종교개혁으로 세인트 앤드루스 대성당이 파괴되기 전에는 가톨릭의 대표적 순례지였다.

1410년대에 세워진 세인트 앤드루스 대학은 세계적 명성을 지닌 대학으로 윌리엄 왕세손 부부도 이 대학을 다니며 사랑을 키웠다. 종교, 학문과도 밀접한 도시인 것이다. 하지만 지금 수많은 관광객을 끌어모으며 이 도시를 먹여 살리는 힘은 올드 코스에서 나온다. 전 세계 수많은 골퍼가 순례자로 이곳을 찾는다.

지난 일주일 올드 코스에서 박인비, 최나연 등 세계 정상급 한국 선수를 취재하며 하루에도 서너 번씩 코스를 돌아봤다. 워낙 오래되어 거리가 짧고, 나무도 없는 바닷가 평평한 곳이어서 황량하다는 느낌이 들었다. 하지만 잭 니클

라우스, 타이거 우즈 등은 이곳을 '골프의 영혼을 지금도 느낄 수 있는 유일한 골프장' 으로 꼽는다. 30만 원 가까운 그린피를 받아도 오래전에 예약하지 않으면 치기 어렵다. 올드 코스 로고가 새겨진 20파운드(약 3만 4,000원)짜리 모자 하나만 해도 한 해 수백억 원어치 정도 팔려 나간다.

올드 코스 1번홀 티잉 그라운드 뒤에는 세계 골프 룰을 관장하는 R&A(Royal & Ancient Golf Club)의 클럽하우스가 있다. R&A는 매년 브리티시 오픈 중계권 수익으로만 250억 원 이상을 번다. 후원 계약 120억 원 이상, 모자와 티셔츠 등 기념품 수입 100억 원 등 경제적 효과가 크다. 올드 코스는 이 브리티시 오픈을 5년마다 열 수 있는 특권을 갖고 있다.

한국은 박세리와 박인비, 최경주와 양용은 등 세계적 선수를 배출한 아시아의 골프 강국이다. 하지만 한국에 지어진 500개 가까운 골프장 가운데 '한국의 올드 코스' 라고 내세울 만한 곳을 선뜻 꼽기 어렵다. 정부는 골프장을 호화 사치 업종으로 분류해 중과세한다. 올림픽 종목에도 포함됐지만 골프에선 특별소비세를 걷어 간다.

골프장은 호화 클럽하우스를 지어 놓고 적자 타령을 늘어놓는 곳이 적지 않다. 브리티시 여자 오픈이 한창이던 지난주 제주도에 처음 지어진 제1호 골프장이 부도났다는 소식이 전해졌다. 연쇄 부도의 신호탄이라는 우려도 적지 않다. 이제는 골프를 더 이상 사치 업종이 아닌 산업으로 바라봤으면 한다. 골프장들도 이제 외형에 관심을 갖는 대신 한국의 골프 정신을 찾아 나서는 데 더 관심을 가져야 한다.

「조선일보」, 2013. 09. 30

■ S(Subject) 주제, 목적, 이유, 동기 :

■ I(Information) 정보, 상황, 배경 :

■ S(Substance) 개요, 내용, 본질, 핵심 :

■ C(Case) 사례, 증거, 통계 :

■ O(Opinion) 의견, 견해, 생각, 느낌 :

마지막으로 세 번째 칼럼을 뜯어보자.

■ '자서전들 쓰십시다'를 재청함 ■

기자는 자신의 보도나 논평의 객관성을 보장하기 위해 '나'의 정체를 되도록 숨기고 자신의 속내를 감춘다. 그런 기자들의 모임인 기자협회가 발행하는 신문에서 '자서전들 쓰십시다'란 제목(「기자협회보」, 6월 26일치)이 내 눈길을 끌 것은 당연했다.

필자 정재민의 직함은 기자가 아니었지만 그 세계와 생리를 짐작할 만한 정보미디어경영대학원 교수였다. 그는 미국 독서계에서 전기 · 자서전류가 차지하고 있는 큰 비중을 소개하면서 워터게이트 사건을 폭로한 「워싱턴 포스트」의 두 기자 칼 번스틴과 밥 우드워드의 회고록 『대통령의 사람들』이 대학의 저널리즘 교재로 사용되는 예를 설명하며 우리의 기자들에게도 "영혼을 담아 진실을 기록하는 자서전들 쓰십시다."라고 제안한다.

이 기고를 읽을 즈음 몇몇 언론기관의 사주나 경영진과 기자들 간에, 아직도 해소되지 않고 있는 대결이 격렬하게 진행되고 있었고 나는 당연히 나 자신이 당했던 38년 전의 동아 · 조선 사태를 회상하지 않을 수 없었다. 그리고 그 기고문의 제목 『자서전들 쓰십시다』의 이청준 소설도 함께 떠올렸다.

나는 그가 편집자로 일하던 문예지 칼럼을 맡아 우리에게 '자서전은 가능한가'란 글을 쓴 적이 있는데 식민지 시대의 친일, 한국전쟁 때의 부역, 자유당 시절의 어용으로 강제된 역사의 점철 속에서 과연 당당하게 자신의 생애를 올곧게 살았거나, 그러지 못하고 입신출세한 과거의 잘못을 정직하게 속죄하며 드러낼 분들이 얼마나 있을까 회의하며, 그런 처지의 우리에게 자서전 쓰기란

과연 가능할 것인가에 대한, 유신 시절의 참담한 탄식이었다.

말의 무질서한 유통과 소문이 횡행하는 세태에 저항감을 느끼면서 자서전 대필업자를 통해 허세를 키우는 코미디언의 자서전 써 주기를 취소하고 자기 신념을 너무나 당당하게 자부하는 농부의 회고록 집필도 포기하는 이야기를 이청준이 『자서전들 쓰십시다』란 자못 희화적인 제목으로 발표한 것도 이즈음이었다.

그러고서 근 40년이 지난 근래 나는 네 권의 우리 저자들의 자서전류 책들을 잇달아 읽었다. 시인 고은의 『바람의 사상』, 영문학자 여석기의 『나의 삶, 나의 학문, 나의 연극』, 이용남(전 한성대 총장)이 쓴 도서관운동가 엄대섭의 전기 『이런 사람 있었네』, 그리고 프랑스문학가로 명실상부한 인문주의자인 정명환의 『인상과 편견』 등이었다.

'자서전-평전' 이라고 했지만, 자신의 성장과 대학 교육, 해방과 6 · 25 후의 학문 · 예술의 개척 과정을 겸손하게 회고한 책(여석기)과 우리 농촌의 독서운동을 적극 전개해서 막사이사이상을 수상한 마을문고 운동가 엄대섭의 열정적인 생애의 기록(이용남)은 이 부류에 들겠지만 20대에서 80대에 이르기까지 읽고 보고 들은 글과 말에 대한 성찰과 사색의 기록으로 정리한 단상의 글(정명환)이나, 유신 시절의 고통스런 일상의 다반사들을 기록한 일기(고은)는 말 그대로의 자서전은 아니지만 '나' 의 사사로울 수 있는 이야기를 정직하게 연대기적으로 고백했다는 점에서 또 다른 스타일의 자서전으로 읽을 수 있을 듯하다.

내가 픽션에서 논픽션으로, 소설에서 전기로 느리게나마 책 읽기를 바꾸어 이른바 '언어의 모험' 에서 '모험의 언어' 로 옮겨 가게 된 것은 상상보다 더욱

극적인 현실의 모습에 감동하며 그 박진한 삶의 실제에서 인간다운 세상살이를 실감하게 되는 나이에 이른 탓이었을 것이다.

그래서 전기나 자서전을 자주 읽기 시작했는데도 그 주인공은 대부분 외국인이었다. 우리에게 전기 문학 작품들이 드문 편이기도 했지만, 그 필자들이 다루고 있는 인물들에 대해 이념적으로나 인격적으로 지나치게 경도되어 객관성을 잃고 소문으로 두터워진 선입견으로 주인공을 영웅시하는 일이 잦아 실망했기 때문이다.

그럼에도 그처럼 멀리해 왔던 우리의 전기-자서전들을 한꺼번에 잇달아 읽은 것은 개인적으로 교분이 있는 존경하는 선배들의 자전적 기록이고 그분들의 고백으로 기록된 정직한 생애와 성실한 고백을 통해 한 시대의 어지러움 속에서도 스스로를 지킨 그분들의 개인적 삶을 보고 싶었기 때문이었다.

고은이 젊은 시절 숱한 술 마시기와 원고 쓰기의 1970년대 나날을 매일 기록한 일기에서 시대에 대한 절망과 독재 권력의 횡포에 고통스레 싸운 실제 모습은 옆에서 보아 온 바 이상으로 절실했고 내가 젊은 시절부터 늘 경의를 품어 온 정명환의 날카로운 사유와 진지한 지성은 이번의 단상집에서 더욱 투명하게 볼 수 있었다. 여석기의 영문학과 연극학에 대한 기여는 가감 없는 우리 대학의 역사와 연극사를 회고하는 것이었고 마을문고를 향해 쏟은 엄대섭의 순수한 열정은 생시의 그에게 보낸 감탄과 감사를 다시 느끼게 했다.

나는 이분들의 고백과 기록을 개인적 기록만으로 받아들인 것이 아니라 우리 현대사, 문화예술사의 한 대목으로 이해하면서 무엇보다 시대가 안겨 준 억압으로부터 자유로운 분들의 그 회고들을 죄의식이나 자기기만으로 오염되지 않은 깨끗한 이력으로 평가할 수 있었다. 1920년대 초부터 30년대 초에 출생

한 이분들은 친일 행위를 할 나이도 아니었고 부역에 나설 자리에도 있지 않았으며 어용의 대열에 끼지 않았다.

　나는 우리 역사가 안길 시대의 무게에서 자유로울 수 있었던 이분들의 행운을 다행으로 여기며 해방 후의 우리 외국 문학 또는 연극 예술의 개척 과정을 알 수 있었고 투명한 현대 지식인의 성찰과 인식을 음미하며 더불어 폐쇄적인 독재 권력에 대결하는 시인의 양심을 발견하고 보이지 않게 문화 활동을 전개하다가 조용히 세상을 떠난 겸손한 정열을 추모할 수 있었다. 하긴 두어 해 전, 언론인이며 사학자였던 『거인 천관우』의 추모집에서 그의 쓸쓸한 뒷모습을 훔쳐보았고, 손세일의 『이승만과 김구』에서 독립운동을 전개하는 데는 한 가지 길만이 있는 것은 아니라는 점을 깨달았으며, 그제 본 고미숙의 『두 개의 별, 두 개의 지도』에서 정약용과 다른 문체를 통해 다른 세계 인식을 보여 준 박지원을 새로 발견하기도 했다.

　그것들은 자서전을 써도 좋을 나이에 이른 나에게 참으로 아름다운 장면들이었다. 사람은 누구나 나름대로 진지한 이야기를 가지고 있고 허세 버리고 진솔하며 즐겁게 고백한다면 우리와 비슷하면서도 다르기도 한 숱한 삶들을 더불어 함께하면 우리 삶의 내용과 부피도 그처럼 다채롭고 풍요해질 것이다. 국립예술자료원이 펴고 있는 〈예술사 구술자료총서〉는 예술가들의 생애를 정리하며 '뿌리깊은나무' 와 '눈빛' 이 출판한 『민중자서전』은 이름 없는 서민들의 곡진한 삶을 기록했고 요즘의 신문 잡지들도 명사들의 회고록을 연재하고 있다.

　그럼 이제, 남의 얘기만 써야 했던 기자들도 취재와 기사 작성의 작업 뒤로 가려진 숨은 진실을 밝혀야 할 것은 당연하다. 여기에, "겪은 설움 다 쓰면 책 몇 권이 될" 이 땅의 숱한 할머니들처럼 필부필부(匹夫匹婦)들의 희로애락들을 들어보면 '감동의 온도'도 높아지고 삶의 폭도 늘어나, 우리 삶과 내면의 경험 모두에 그만큼 크고 아름다운 자산이 될 것이다.

오늘의 우리 사회는 웹진이나 개인 사이트로 자기 글을 자유롭게 발표할 수도 있고 활자시대의 문턱 높은 출판사를 거치지 않는 1인 출판도 가능해졌다. 독자들도 필자가 유명인이라 해서 현혹되지 않고 감수성만 잘 건드려 주면 무명인의 고백에도 크게 공감할 준비가 되어 있다. 시대는 왜곡을 강요하는 억압으로부터 벗어나 있고 타인의 삶이 정직하고 즐거운 것이면 함께 누릴 여유도 갖추었다.

그러니, 트위터로 그때그때 짧은 기지를 전하는 재미도 좋지만, 한 인간의 긴 생애를 고백함으로써 자신의 삶을 사랑하는 작업이야말로 더욱 바람직한 일이 아닐까. "자서전들 쓰십시다." 라고 외치던 이청준과 그것을 환기시켜 주는 정재민의 동의에 내가 재청하는 이유이다.

〈한겨레〉, 2013. 08. 08

■ S(Subject) 주제, 목적, 이유, 동기 :

■ I(Information) 정보, 상황, 배경 :

■ S(Substance) 개요, 내용, 본질, 핵심 :

■ C(Case) 사례, 증거, 통계 :

■ O(Opinion) 의견, 견해, 생각, 느낌 :

칼럼 써 보기

바로 앞에서 당신은 다른 사람들의 칼럼을 보고, 그것을 뜯어보는 작업을 했다. 어떤가. 쉬웠는가? 다른 사람의 것을 보고 판단하고 평가하는 것은 사실 쉬운 일이라 할 수 있다. 정작 그것을 직접 하는 것이 어려운 법이다. 해 봐야 그 사람의 노고와 고통을 헤아릴 수 있다. 글도 마찬가지고, 책도 마찬가지다. 당신이 몇 푼을 주고 샀을 때는 몰랐지만, 직접 써 보려고 하니 얼마나 고통스러운가.

자, 그럼 칼럼을 뜯어봤으니 칼럼 한 편을 써 보자. 써 내려 가기 전에 다음의 시스코 이론에 맞추어 글을 한번 구성해 보자. 그냥 쓰면 되지 귀찮게 할 필요가 있느냐고 불평하는 사람도 있을지 모르겠다. 몇 번 해 보고 나서 숙달이 되면 하지 않아도 된다. 머릿속으로 시스코 이론에 접목하면 되기 때문이다.

제목 :

■ S(Subject) 주제, 목적, 이유, 동기 :

■ I(Information) 정보, 상황, 배경 :

■ S(Substance) 개요, 내용, 본질, 핵심 :

■ C(Case) 사례, 증거, 통계 :

■ O(Opinion) 의견, 견해, 생각, 느낌 :

이런 과정을 반복하면 글쓰기 실력은 늘게 되어 있다. 다시 한 번 말하지만 책을 쓰기 위해서는 좋은 내용도 중요하지만 글을 쓰는 기교도 중요하다. 책에 담을 내용을 준비하는 것이 하루아침에 되지 않듯이 멋진 글을 쓰는 것도 하루아침에 되지 않는다. 매일 꾸역꾸역 쓰는 연습을 해야 한다. 마치 건강을 위해 운동하듯이 꾸준히 해 보자. 그러기 위해서는 1,000~1,500자 정도 짧은 글이 좋다. 길지도 않고 짧지도 않은 글을 매일매일 연습하다 보면 글쓰기가 자연히 늘고, 지식도 축적된다.

주제 정하기

책 분석하기

　좋은 학습 방법 중 한 가지는 남이 잘한 것을 따라 하는 것이다. 글쓰기나 책 쓰기도 마찬가지다. 필사도 잘 쓴 글을 따라 쓰며 글쓰기 실력을 키우려고 하는 것이다. 따라 하기를 하며 실력을 키우다 보면 어느 순간 창조할 힘이 생긴다.

　먼저 주제를 정하기 전에 다른 책은 어떤 구조로 되어 있는지 살펴보자. 그동안 읽은 책 중에서 가장 마음에 드는 책을 한 권 고른다. 당신이 쓰고자 하는 책과 같은 주제를 다룬 경쟁 도서를 선택해도 좋다. 그 책을 하나하나 분석해 보자. 그 이유는 내가 쓸 책 제목은 무엇으로 할지, 목차는 어떻게 할지, 쪽수는 얼마로 할지, 머리말을 어떻게 쓰고, 감사의 글은 어떻게 써야 할지 감을 기르기 위해서다.

　다음 질문에 최대한 성의 있게 답해보자.

1. 책 제목은 무엇인가?

2. 저자는 누구인가?

3. 출판사는 어디인가?

4. 가격은 얼마인가?

5. 모두 몇 쪽인가?

6. 책 크기는 얼마나 되는가?(가로×세로)

7. 서문은 어떻게 구성했는가?

8. 목차를 어떻게 구성했는가?

9. 맺음말을 어떻게 구성했는가?

10. 추천사는 누가 썼는가?

11. 추천사는 어떤 내용으로 썼는가?

12. 표지 디자인은 어떤가?

13. 책 편집은 어떤가?

14. 내가 저자라면 고치고 싶은 곳이 어디며, 그것을 어떻게 고치고 싶은가?

감을 좀 잡았는가? 당신은 지금 분석한 대로 쓰면 된다. 내용을 모방하라는 것이 아니라 형식을 모방하라는 것이다. 물론 책 한 권을 뜯어봤다고 능력이 바로 생기는 것은 아니다. 아직 감이 오지 않았다면 책 몇 권을 더 살펴보라. 배울 것이 많을 것이다. 서문 하나를 쓰려면 다른 책에 있는 서문을 여러 편 읽어 보아야 할 것이다. 그동안 아무 생각 없이 읽었던 것들을 이제 눈여겨보게 된다. 책 제목이나 목

차의 구조, 표지 디자인도 유심히 보라. 이런 과정을 거치면서 실력
이 는다.

주제 정하기

주제 정하기는 책을 쓰려는 사람이 제일 먼저 할 일이다. 주제가 정해지지 않으면 한 발짝도 나아갈 수 없다. 지금 이 책은 책 쓰는 방법을 알려 주는 책이다. 당연히 '쉽게 책을 쓰는 방법'이 주제다.

내 첫 번째 책은 『영업, 질문으로 승부하라』다. 이 책은 '영업인이 고객을 만나면 상품 설명부터 하지 말고 질문을 하여 고객의 필요와 욕구를 파악하는 것이 우선이다.'가 주제다. 모든 내용은 주제에 맞추어 전개하면 된다. 주제를 정할 때는 현재 당신이 가장 자신 있게 쓸 수 있는 것을 골라야 한다.

물론 아직 쓸 준비가 충분하지 않을 수도 있다. 상관없다. 지금부터 메시지를 만들고, 자료를 정리하고, 부족한 부분은 더 공부하면 된다. 책을 쓰고 싶은데 주제를 무엇으로 할지 고민스러운 사람도 있을 것이다. 다음 질문에 답을 하다 보면 주제를 찾을 수 있다.

1. 내 인생에서 가장 오랫동안 경험한 분야는 무엇인가?

2. 내가 가장 관심 있는 분야는 무엇인가?

3. 내가 가장 많이 읽은 책은 어느 분야인가?

4. 내가 가장 하고 싶은 말은 무엇인가?

앞의 질문에 성의 있게 답하였다면 쓸 주제가 생각났을 것이다. 쓰고 싶은 주제를 적어 보자. 한 가지가 아니라도 좋다. 여러 개를 적어 보고 그중에서 가장 자신 있는 주제를 고르면 된다.

1.

2.

3.

4.

5.

6.

7.

8.

9.

10.

당신은 앞의 빈칸에 몇 가지를 적었는가? 경험이 많고 독서량이 풍부하면 쓰고 싶은 주제도 많을 것이다. 주제를 정할 때는 쓰고 싶고, 쓸 수 있는 주제를 정해야 하지만 그 밖에도 생각해야 할 것이 있다. 다음 빈칸을 채워 보자.

1. 이 책을 읽을 독자는 누구인가?

2. 그 독자에게 가장 필요한 것은 무엇인가?

3. 이미 출간된 비슷한 주제의 책들과 다른 점은 무엇인가?

책에 담고 싶은 메시지 적어 보기

주제를 정했으면 어떤 메시지를 전할지 생각해야 한다. 이제 책 내용으로 무엇을 쓸 것인지 적어 보는 시간이다. 아래 빈칸에 최대한 적어 보자. 일단 머릿속에 생각나는 것을 적어 보고, 참고 도서나 기타 자료를 찾아 적어 보자.

이 과정은 목차 작업을 위해 매우 중요하다. 책의 뼈대를 세우는 일이기 때문이다. 이 부분을 생략하고 넘어가서는 책을 쓸 수 없다. 책의 방향, 생김새를 결정하는 작업이라 정신을 집중해야 한다. 최대한 많이 적어야 한다. 책에 넣을 내용을 고르는 작업이니 내가 쓸 수 있는 모든 것을 적어야 한다. 100개를 쓸 수도 있고 50개를 쓸 수도 있다. 책 한 권을 쓰려면 소주제가 적어도 30개 이상은 되어야 한다.

- 책에 담고 싶은 메시지 -

큰 주제별로 묶기

앞에서 몇 가지를 적었는가? 60개 이상이 생각나는 사람도 있고, 30~40개만 적은 사람도 있을 것이다. 상관없다. 다만 당신이 적을 수 있는 최대한을 적어야 한다. 부족하더라도 늘려 나가면 된다.

이제 할 작업은 수십 가지 메시지를 비슷한 것끼리 묶는 일이다. 겹치는 것은 지워 버리고 머릿속에 반짝 하고 생각나는 것이 있으면 덧붙여라. 몇 개의 그룹으로 묶이는가? 그룹 수에 제한은 없지만, 한두 개는 적고 10개 이상은 많다. 다른 책들 목차를 살펴보라. 다음에 도움이 되는 양식을 만들어 놓았다. 그룹 안에 들어갈 메시지가 반드시 다섯 가지일 필요는 없다. 한두 개 덜 들어갈 수고 있고 더 들어갈 수도 있다. 여기서 중요한 것은 몇 개가 됐든 다음과 같이 비슷한 것끼리 묶는 것이다.

■ 그룹1 :

■ 그룹2 :

■ 그룹3 :

■ 그룹4 :

■ 그룹5:

■ 그룹6:

■ 그룹7:

■ 그룹8:

■ 그룹9 :

■ 그룹10 :

■ 그룹11 :

■ 그룹12 :

책 뼈대 만들기

목차 만들기

4장에서 책에 담을 메시지를 쓰고 큰 주제별 묶기를 충실히 완성했으면 목차 작업은 다 한 것이나 마찬가지다. 큰 그룹별로 이름을 붙이면 장(章)이 된다. 장 아래 작은 메시지들은 소주제다. 목차는 책의 뼈대를 만드는 것이니 이것을 완성하면 책을 반은 쓴 것이나 다름없다. 경험이 짧고, 공부 양이 부족하면 절대 목차를 만들 수 없다.

목차를 어떻게 만드는지 다른 책들을 주의 깊게 관찰해 보자. 내가 쓰고자 하는 주제와 비슷한 내용을 담고 있는 다른 책 목차를 보면 감을 잡을 수 있을 것이다. 다음은 내가 쓴 『영업, 질문으로 승부하라』와 『한 번 더 세일즈』의 목차다. 책은 거의 이런 형식으로 이루어져 있다.

당신은 4장에서 책에 담을 메시지를 쓰고 큰 주제별 묶기를 했던 것에 살을 붙이는 것이 바로 목차를 만드는 작업의 연장이라고 보면 된다. 본격적인 글쓰기를 향한 살 붙이기 작업인 것이다.

목차는 책을 쓰는 과정에서 바꿀 수도 있고, 출판사의 교정 과정에서 바꿀 수도 있다. 목차의 순서나 제목도 마찬가지다. 출판사도 기업이다 보니 좋은 책을 만들어 잘 팔리도록 해야만 생존을 할 수 있다. 따라서 책의 완결성을 높이고, 독자들의 구미를 당겨 판매를 늘리려는 시도를 할 수밖에 없다.

여기서 좋은 책이란 일체성과 통일성을 갖춘 책을 말한다. 모든 목차들이 한 몸처럼 유기적이며, 전체적 맥락이 물 흐르듯 느껴져야 한다. 책은 구조상 나무나 우리의 뇌 구조와 비슷하다. 주제라는 뿌리에서, 장이라는 줄기가 나와 대제목, 소제목이라는 잔가지로 뻗어 나가는 것을 보면 나무와 닮았다. 우리의 사고체계도 마찬가지다. 책은 인간의 뇌 구조와 상당히 닮았다.

좋은 책은 기본적으로 좋은 목차라는 요건을 갖추고 있다. 당신이 서점에 가서 책을 살 때, 목차를 펼쳐 보는 이유도 바로 여기에 있다. 목차만 봐도 사실 책이 갖춘 면모를 확인할 수 있다.

목차 만들 능력이 없으면 책을 쓸 능력도 없는 것이다. 책 주제를 어떤 내용으로 전개할지 머릿속에 그려지지 않는다면, 당신은 아직 책을 쓸 때가 안 된 것이다.

다음 빈칸에 당신이 쓸 책의 목차를 적어 보자.

- 1장 -

1.

2.

3.

4.

5.

- 2장 -

1.

2.

3.

4.

5.

-3장 -

1.

2.

3.

4.

5.

-4장 -

1.

2.

3.

4.

5.

출간기획서 만들기

　주제를 정하고 주제에 맞추어 목차를 완성했다면, 이제는 출간기획서를 만들어 볼 차례다. 책을 쓰기 전에 먼저 출간기획서를 만들어 출판사와 협의하면 훨씬 더 좋다. 나는 처음에 책을 쓸 때 이런 절차를 몰라서 많은 고생을 했다.

　그때 나는 건강기능식품 방문판매 사업을 하는 중이었기 때문에 책 내용을 온통 건강기능식품에 관한 것으로 채웠다. 물론 사례나 예문도 모두 건강기능식품으로만 했다. 심지어 '건강기능식품 시장의 전망' 같은 내용까지 넣었다. 그랬더니 초고를 완성한 후 출판사에 원고를 보냈을 때, 출판사에서는 대폭 수정을 요구했다.

　출판사로서는 건강기능식품 영업인들이 어느 정도 규모인지 모르고, 책을 출간했을 때 건강기능식품 시장에서 책이 어느 정도 판매될지 모르니 보험과 화장품에 관한 내용을 추가했으면 좋겠다고 했다. 영업인들이 가장 많이 활동하는 곳이 보험과 화장품이니 목표시장을 확대하자는 뜻이었다.

나는 이 작업을 하기 위해 노트북 하나만 들고 5일 동안 기도원에 들어갔다. 최대한 몰입하여 출판사 요구대로 수정했다. 이런 과정을 방지하려면 책을 쓰기 전 출간기획서를 만들어 출판사와 협의하는 것이 좋다.

어쨌든 당신이 협의할 출판사가 없는 초보 작가라도 일단 한번 출간계획서를 작성해 보자. 어차피 책을 쓰고 나면 출간 제의를 하기 위해서, 또한 책의 특징을 상기하고 집필 계획을 세우기 위해서도 필요하다. 특히 구체적인 집필 계획이 없으면 1, 2년이 지나도 책 한 권 쓰기 어렵다. 각 목차별로 원고의 마감시간을 정하면 초고 완성일이 나올 수 있을 것이다.

≈ 집필 계획

1. 제목

2. 저자명

3. 저자 소개

4. 기획 의도

5. 대상 독자층

6. 특징, 차별성

7. 목차

자료 준비하기

주제가 정해지고 목차 정리도 끝났다면, 이제 목차에 살을 붙여 본격적으로 책을 완성해 나가야 한다. 하지만 그러기 위해서는 먼저 당신이 가진 자료를 정리해야 한다. 자료는 머릿속에 있는 것과 머리 밖에 있는 것으로 나뉜다. 책 한 권이 온통 머릿속에만 있는 사람이 몇이나 되겠는가?

하물며 당신이 살아온 삶을 자서전으로 쓴다고 하더라도 머릿속에 있는 것만 가지고는 절대 쓸 수가 없다. 어떤 주제로 책을 쓰든지 머리 밖에 있는 자료가 필요한 것이다. 책에 있는 내용, 신문이나 잡지의 내용, 다른 사람에게 들었던 내용 따위가 모두 책을 책답게 하는 자료들이라고 할 수 있다.

그래서 책을 쓰고자 하는 사람이라면 평소에 자료 정리를 잘해 두어야 한다. 그렇게 하지 않으면 정작 책을 쓸 때 인용할 자료가 머릿속에 떠오르긴 하는데, 어디서 봤는지 생각나지 않아 애를 먹을 수도 있다. 그러면 당신은 서재에서 그 부분을 찾기 위해 오랜 시간 낭비해야 할 것이다. 그 자료를 찾기 위해 그동안 읽은 책을 모두 뒤적거려야 할지도 모른다.

또 당신은 책에서 읽었는지, 잡지에서 읽었는지, 신문에서 읽었는지 도무지 생각나지 않을 때도 있다. 자료를 정리해 놓지 않아서 그렇다. 이런 일을 미연에 방지하려면 지금부터라도 자료를 꼼꼼히 정리하는 습관을 길러야 한다. 자료 정리를 체계적으로 하는 방법을 소개하겠다.

🍃 자료를 정리하는 법

1. 관심 있는 주제를 견출지에 적는다. 예를 들어 리더십, 동기부여, 직장인, 자영업자, 세일즈, 코칭, CS, 자기계발, 성공 등으로 나눌 수 있다.

2. 노트를 사서 관심 있는 주제별로 몇 장씩 나눈 후 견출지로 표시를 한다.

3. 책을 읽으며 나중에 다시 참고할 만한 것이라면 노트에 주제어와 출처를 적어 둔다. (아래 표 참조)

4. 신문 자료는 기사 주제어, 신문 이름을 적어 좋으면 인터넷에서 찾아 쓸 수 있다. (아래 표 참조)

내용	출처
리더의 재빠른 판단-모래사막에서 전차전 사례	어댑트, 76~78쪽
21세기 리더를 위한 10가지 조언	빅맨, 268쪽
야단치는 기술 5가지	승자의 안목, 158 쪽
윤호일 남극대장의 그 어느날	조선일보, 2011. 6. 18
공연기획스타 박명성 신시컴퍼니대표(목표)	한국경제, 2011. 5. 11

　　물론 칸을 만들어 정리할 필요는 없다. 노트에 그때그때 적어 놓으면 된다. 이런 식으로 잡지, 논문들도 주제와 출처를 적어 놓으면 언제든지 찾아서 사용할 수 있다. 강의를 준비할 때도 유용하니 일석이조인 셈이다. 책을 쓰려는 사람은 자료를 정리하는 습관이 몸에 배어 있어야 한다.

목차별 시스코 적용하기

주제를 정하고, 목차를 완성했으니 큰 산 하나를 넘었다. 그렇다고 방심하면 안 된다. 앞에 산 하나가 또 있다. 이제 목차에 어떤 내용을 집어넣을지를 고민해야 한다. 머릿속에 있는 그림을 좀 더 구체화하는 것이다. 책 쓰기 강의를 할 때 이 단계에서 더 이상 진도를 나가지 못하는 수강생들이 많다.

원인은 두 가지다. 첫째는 능력에 부치는 주제를 고른 것이다. 둘째는 공부가 부족한데 의욕이 앞선 것이다. 이런 수강생에게는 좀 더 시간을 가지라고 권한다. 이 단계를 건너뛴 채 바로 분문 쓰기를 할 수는 없기 때문이다. 이 단계에서도 시스코 이론에 따라 정리하는 것이 좋다. 다음 빈칸을 채우고 나면 책의 윤곽이 한눈에 들어올 것이다. 목차별로 시스코 이론에 맞춰 정리해 보자.

- 1장 -

■ 소주제 :

S_

I_

S_

C_

O_

- 2장 -

■ 소주제 :

S_

I_

S_

C_

O_

- 3장 -

■ 소주제 :

S_

I_

S_

C_

O_

- 4장 -

■ 소주제 :

S_

I_

S_

C_

O_

- 5장 -

■ 소주제 :

S_

I_

S_

C_

O_

- 6장 -

■ 소주제 :

S_

I_

S_

C_

O_

- 7장 -

■ 소주제 :

S_

I_

S_

C_

O_

- 8장 -

■ 소주제 :

S_

I_

S_

C_

O_

- 9장 -

■ 소주제 :

S_

I_

S_

C_

O_

빈칸을 꼼꼼히 채웠다면 술술 써 내려갈 수 있을 만큼 준비가 끝난 것이다. 초고는 두세 달이면 만들 수 있다. 빠르면 그 이전에도 물론 가능하다. 책 쓰기는 높은 산을 오르는 것과 같다. 쉽지 않은 일이다. 책을 쓰고 싶은 사람은 많지만 책을 쓰는 사람이 적은 이유는 그 산이 높기 때문이다. 책을 쓰려다가 중도 포기하는 사람이 많은 것도 그 산이 높기 때문이다.

높은 산을 정상까지 오르는 방법은 단 한가지다. 꾸준히 오르면 된다. 길을 따라 오르다 보면 못 오를 산이 어디 있겠는가. 다음은 네이버 블로그 〈곽숙철의 혁신 이야기〉에 있는 내용이다.

■ 해가 질 때까지 옷을 가져오지 마라 ■

* 소설 『레 미제라블』의 저자이자 19세기 프랑스 최고의 작가 빅토르 위고는 놀고 싶은 유혹을 뿌리치지 못해 오랫동안 글을 쓰지 못하자 글방으로 하인을 데려가 속옷까지 몽땅 벗어 주면서 해가 질 때까지는 절대로 옷을 갖다 주지 말라고 했다. 글을 쓸 수밖에 없는 상황을 만들어 자기 자신을 통제한 것이다.

** 소설가 이외수는 오랫동안 글을 쓰지 않아 생계가 막막해지자 고물상에서 감옥 철창을 구입해서 집에 설치했다. 그리고 원고를 탈고할 때까지 절대로 문을 열어 주지 말도록 아내에게 부탁해 글을 쓸 수밖에 없도록 스스로를 가뒀다.

*** 안철수는 의대 교수로 재직하면서 바이러스 백신을 연구할 때 최첨단 기술을 공부할 시간이 없자 잡지사에 전화해서 최신 기술에 대한 기사를 연재하

겠다고 했다. 매번 발등에 불이 떨어지니 힘들지만 마감일까지 자료를 찾고 원고를 쓸 수밖에 없었다.

우리는 흔히 성공한 사람들을 '불굴의 의지'로 어떠한 유혹에도 흔들리지 않고 목표를 향해 나아간 사람들로 생각하는데, 사실은 그렇지 않습니다. 그들도 유혹 앞에는 나약한 인간이었습니다. 하지만 중요한 건 이런 유혹을 이기기 위해 그들은 나름대로의 방법을 찾고 이를 적극적으로 활용했다는 것입니다.

앞의 세 사람처럼 상황의 힘을 이용해 어쩔 수 없이 결심을 실천할 수밖에 없도록 자신을 속박하는 방법을 심리학에서는 '가두리 기법(enclosure technique)'이라고 합니다. 한마디로 퇴로를 차단하는 것이지요.

이제부터는 문장력이 문제다. 내용을 얼마나 잘 써 내려가느냐가 관건이다. 이 책 처음에 문장력의 조건을 이야기했다. 글은 쉽고 간결하고 어법에 맞게 쓰는 게 가장 중요하다. 다음 장에서는 이에 대해 좀 더 자세히 다룰 것이다.

재미있는 책을
쓰는 방법

재미있게 글을 쓰려면

개성 있는 글, 독특한 시각을 가진 글, 맛깔스런 글, 독자를 빨아들이는 글, 생각하게 하는 글이 좋은 글이고, 재미있는 글이다. 아무리 내용이 좋아도 독자들이 읽기 쉽게 표현하지 못하면 선택을 받을 수 없다. 책을 쓰든 글을 쓰든 독자를 생각하며 써야 하는 이유다.

입장을 바꿔 생각해 보라. 책을 몇 장 넘기기도 전에 하품이 나온 경험이 있지 않은가. 이런 책은 내용에 문제가 있는 게 아니다. 재미없게 써서 그렇다. 십중팔구 반도 읽지 못하고 포기한다. 당신 책이 그런 대접을 받고 싶은가.

연암 박지원은 글쓰기를 병법에 비교하였다. 『연암에게 글쓰기를 배우다』를 보자.

글을 잘 짓는 자는 아마 병법을 잘 알 것이다. 비유하건대 글자는 군사요, 글 뜻은 장수요, 제목은 적국이요, 고사(古事)의 인용은 전장의 진지를 구축하는 것이요, 글자를 묶어서 구(句)를 만들고 구를 모아서 장(章)을 이루는 것은 대오 (隊伍)를 이루어 진을 치는 것과 같다. 운(韻)에 맞추어 읊고 멋진 표현으로써 빛을 내는 것은 징과 북을 울리고 깃발을 휘날리는 것과 같으며, 앞뒤의 조응 (照應)이란 봉화요, 비유란 유격(遊擊)이요, 억양 반복(抑揚反覆)이란 맞붙어 싸 워 서로 죽이는 것이요, 파제(破題)한 다음 마무리하는 것은 먼저 성벽에 올라 가 적을 사로잡는 것이요, 함축(含蓄)을 귀하게 여기는 것은 늙은이를 사로잡 지 않는 것이요, 여운(餘韻)을 남기는 것은 군대를 정돈하여 개선하는 것이다.

군대는 장수가 있어야 한다. 군사의 수가 아무리 많아도 지휘체계가 갖추어 지지 않으면 제대로 운용할 수 없다. 글도 글자만 늘어놓는다고 글이 되지 않 는다. 명확한 주제가 있어야 제대로 된 글이다. 전쟁을 하는 목적은 적국에게 승리하기 위해서이듯 글을 쓰는 것 역시 제목, 즉 문제와 대결이다. 문제의 의 미를 정확히 파악한 뒤에 공략할 방법을 연구해야 제대로 된 글을 쓸 수 있다.

진지를 구축하는 목적은 보루를 만들어 안정적으로 싸우기 위함이다. 고사 란 이미 역사적으로 드러난 사실들이다. 그런 만큼 고사를 사용하면 사람들의 신뢰를 이끌어 낼 수 있다.

질서 정연하게 대오를 갖춘 군대가 전쟁에서 이기는 법이다. 논리 정연한 글, 글자 한 자 한 자가 제자리에서 제 역할을 할 때 그 글로써 사람을 설득할 수 있 다. 운을 맞추어 읊고 멋진 표현으로써 빛을 내는 것을 징과 깃발로 비유한 것 은, 이것들이 군사들을 독려하는 데 필요한 도구이듯 운율과 표현도 마찬가지 다. 봉화는 봉우리와 봉우리를 불빛으로 연결하는 것이다. 조응도 마찬가지다.

글의 앞뒤가 어울려야 한다. 비유는 유격인데, 유격은 적이 알아채지 못하게 공격하는 전술이다. 준비를 못했으니 상대방은 당하게 마련이다. 비유도 마찬가지다. 제대로 된 비유를 접했을 때 읽는 사람은 감탄을 하게 된다.

억양 반복은, 전장에서 상대방과 맞닥뜨리게 되면 어느 한쪽은 죽어야 한다. 그러므로 내가 죽지 않으면 상대방을 완전히 죽여야 한다. 억양이란 처음에 눌렀다가 나중에는 놔주는 기법이다. 즉 반복하되 효과를 달리하여 반복해 읽는 사람에게 강한 인상을 주는 것이다. 읽는 사람은 그 반전의 묘미에 끌려 완전히 글에 제압된다.

파제한 다음에 마무리한다는 것은 먼저 성벽에 올라 적을 사로잡는 것이다. 전쟁을 시작했으면 반드시 성벽에 올라가 적을 사로잡아야 한다. 파제는 글의 서두를 말하는 것이다. 시선을 끄는 문구로 글을 쓰는 것도 중요하지만 적을 사로잡는 것, 즉 마무리도 중요하다는 것이다.

함축을 귀하게 여기는 것은 늙은이를 사로잡지 않는 것이다. 전쟁터에서 노인을 잡는 것은 번거로운 일이다. 오히려 노인을 놓아줌으로써 상대방을 교란하는 것이 더 좋다. 함축은 별 의미 없어 보이나 실상은 대단한 의미가 숨어있는 것이다. 그냥 읽으면 모르되 자세히 읽으면 의미를 파악하고 '이것이구나!' 무릎을 치게 되는 것이다.

여운을 남기는 것은 군대를 정돈하여 개선하는 것이다. 전쟁에서 군대의 개선은 사실 의미 없는 절차지만 개선으로 승리를 되새김질하게 하는 장점이 있다. 여운은 글이 끝난 뒤에도 읽은 사람이 아쉬워하며 다시 보게 되는 것이다.

『연암에게 글쓰기를 배우다』, 설흔 · 박현찬, 예담

연암은 이미 200년 전에 재미있게 글을 쓰는 방법을 이렇게 정리해 놓았다. 이번 장과 다음 장에서 다루고자 하는 것을 연암은 이미 알고 있었던 것이다.

머릿속에 그림이 떠오르게 써라

머릿속에 그림이 떠오르게 하려면 어떻게 써야 할까? 생생하고 구체적으로 표현해야 한다. 생생하고 구체적이란 것은 오감으로 글을 느낄 수 있도록 하는 것이다. 다음 글을 보자.

미국 남부 지방의 한적한 도로를 버스 한 대가 털털거리며 달리고 있었다. 창가 자리에는 한 노인이 꽃다발을 들고 앉아 있었다. 그리고 통로 맞은편 자리엔 젊은 처녀가 앉아 있었다. 처녀는 고개를 돌려 노인이 들고 있는 아름다운 꽃다발에 자주 시선을 던졌다.

『영혼을 위한 닭고기 스프 1』, 잭 캔필드 · 마크 빅터 한센, 푸른숲

이 글을 읽으면 상황이 머릿속에 떠오르지 않는가? 설명문을 쓰든

지 칼럼을 쓰든지 생생하게 쓰지 않으면 지루하다. 생생한 글은 사람의 오감을 자극한다. 청각, 촉각, 시각, 후각, 미각, 오감을 모두 자극하는 글쓰기를 해야 한다.

2007년 5월의 어느 따뜻한 봄날, 캐나다 밴쿠버에서 열린 메모리얼컵 하키 챔피언십에서 숙명의 라이벌 매디슨 햇 타이거스와 밴쿠버 자이언츠가 만났다.

(중략)

밴쿠버 시내의 가로등마다 메모리얼컵 깃발이 내걸리고 경기장은 초만원을 이룬 가운데, 빙상 위에 깔린 레드카펫이 화면에 등장하는 것을 시작으로 캐나다 국영방송이 중계를 시작했다. 브리티시 컬럼비아주의 수상 고든 캠벨이 등장하는가 싶더니 곧바로 장내 아나운서의 목소리를 깔아뭉갤 만한 엄청난 박수 소리와 함께 위대한 하키 선수 고디 호위가 걸어 나왔다. 아나운서는 고래고래 소리를 질러 댔다.

『아웃라이어』, 말콤 글래드웰, 김영사

경기장의 모습이 머릿속에 떠오르고 있지 않은가? 재미있는 글은 바로 이런 글이다. 모름지기 글은 재미있어야 한다. 그래야 읽힌다. 읽히지 않는 글이 무슨 소용이란 말인가? 하나만 더 보자. 중앙일보 정진홍 논설위원의 글이다. 무각사 주지 청학스님을 마치 옆에서 보는 듯 표현해 놓았다. 생생하다.

무각사 내 로터스갤러리에서 나주 죽설헌 주인 박태후 화백의 딸 '설 박'이 개인전을 가진다 해서 지난 수요일 늦은 오후에 찾아갔다. 한창 작품 감상에 빠져 있던 내게 박 화백이 스님 한 분을 모시고 나타났다. 무각사 주지 청학스님이셨다. **동자승을 닮은 동글동글한 얼굴에 잔잔한 미소를 머금은 주름살이 인상적이었다. 게다가 마치 조개껍데기 사이로 보이는 조개 속살 같은 스님의 작은 눈이** 내 두 눈과 마주치자 오래전에 만난 인연처럼 느껴져 그 인연을 화제로 스님과 차 한 잔을 나누다 법정스님 이야기가 나왔다.

「중앙일보」, 2013. 07. 13

굵게 표시한 부분을 다시 한 번 읽어 보라. 청학스님 얼굴이 떠오르지 않는가. 다음은 김훈의 소설 『흑산』에 나오는 내용이다. 오감을 어떻게 활용하고 있는지 잘 알 수 있다.

뼈는 돋아나지 않았다. 뼈는 붙지 않았고 움트지 않았다. 부러진 뼈는 너덜거리다가 떨어져 나갔다. ① **피고름에 구더기가 슬었고 빈대가 꼬였다.** 구더기가 파리가 되어서 ② **상처의 진물을 빨았다.**

옥리가 좁쌀을 삶은 물을 바가지에 담아서 하루에 두 번 가져다 두었다. 사학죄인들은 국물을 아껴서 핥아 먹었다. 배가 고파서 머릿속이 하   고 은하수가 눈앞에 펼쳐졌다. 귓구멍 속에서 ③ **매미 소리 같은 환청이 들끓었다.** 감옥 바닥을 파고 똥오줌을 누었고 흙으로 덮었다. 좁쌀 삶은 물을 먹고 눈 똥은 건더기가 없어서 먹은 것과 나온 것이 별 차이가 없었다. ④ **멀건 똥물에서 악취가 풍겼다.** 빈대가 피를 빨았고, 피를 빨린 사람은 빈대를 잡아먹었다. ⑤ **통통한**

빈대를 깨물면 탁 하고 소리가 났다. 빈대 속에서 사람의 피가 터졌다.

『흑산』, 김훈, 학고재

1. ①은 **시각이다.** 피고름에 구더기와 빈대가 우글거리는 모습이 머릿속에 떠오를 것이다.

2. ②는 **촉각이다.** 파리가 상처의 진물을 빨 때 느낌은 어떨까? 간지러울까? 아니면 아무런 느낌이 없을까?

3. ③은 **청각이다.** 매미 소리 같은 환청은 어떤 것일까? 배를 곯으면 매미 소리 같은 환청이 들리는가. 경험해 보지 않은 사람이라도 그 느낌은 알 수 있으리라.

4. ④는 **후각이다.** 똥내를 한번이라도 맡아 본 사람이라면 지금 당장 그 냄새가 나는 듯한 느낌이 들 것이다.

5. ⑤는 **미각이다.** 이 글을 읽으며 눈살을 찌푸리지 않았는가. 입안에서 느껴질 맛을 상상하면 눈살을 찌푸리는 게 당연하다.

김훈은 오감을 사용하여 조선시대 감옥을 실감나게 그리고 있다. 조선시대 감옥을 경험하지 못한 독자들의 머릿속에도 감옥의 모습이 펼쳐질 것이다. 자신도 모르게 몸서리쳤다면 작가의 의도는 통한 것이다. 그럼 이렇게 오감을 자극하는 글을 비즈니스 책에서는 어떻게 활용할 수 있을까? 글쓴이나 다른 사람이 체험한 것을 활용할 수 있다.

다음을 보자. 내 첫 번째 책『영업, 질문으로 승부하라』에 있는 내용이다. 글을 읽으며 당시 상황이 머릿속에 그려질 것이다.

옆자리에 앉아 있는 친구 얼굴을 보니 건강이 몹시 안 좋아 보였다. 그래서 필자는 다음과 같은 질문을 던졌다.

"너 몸이 많이 안 좋은 모양이구나?"

"응, 많이 안 좋아. 작년에 건강검진을 받았는데 아주 안 좋게 나왔어. 마침 1년 선배가 사망해서 문상을 갔는데 나도 덜컥 겁이 나더라고……."

이 친구는 한참 자기 이야기를 하며 혈액 순환제를 먹고 있고 운동도 계속해서 7Kg 정도 체중을 줄였다고 했다. 친구는 이미 건강 문제에 위기감을 느끼고 건강기능식품의 필요성을 절실히 깨닫고 있었다. 더 이상 탐색질문이나 심화질문이 필요하지 않았다. 바로 해결질문을 했다.

"만약 건강 문제가 해결된다면 우리 제품을 구매할 생각은 있어?"

"응, 당연하지"

나는 우리 제품을 꾸준히 먹으면 친구의 건강 문제를 완벽하게 해결할 수 있다고 강조하며 더 많은 효과를 보려면 지금처럼 운동을 꾸준히 하고 술, 담배 등을 하지 말라고 당부했다. 아주 간단하게 설명했다.

"그거 먹으면 진짜 효과가 있나?"

"우리 회사 알잖아? 효과 없는 제품으로 30년 넘게 장사할 수 있겠니? 30년 넘게 회사가 이름을 유지하는 것은 그동안 고객들이 효과를 봤기 때문이지. 그렇지 않았으면 우리는 모두 사기꾼이고, 벌써 망했겠다."

확신을 심어 주는 말이다. 이것으로 친구의 구매 욕구는 완벽하게 충족됐다.

그다음은 가격이다. 가격을 묻지 않는 고객은 한 명도 없다. 그러나 문제해결 의지가 있는 고객이라면 가격은 그리 중요하지 않다.

"가격은 얼마나 돼?"

"네 연봉의 1/150밖에 안 돼."

친구는 잠깐 생각하더니 수첩 한 장을 뜯어내 주소와 전화번호를 주며 택배로 보내라고 했다. 대학 동기이기 때문에 사 준 것이라고 생각하는가? 사 준 것이 아니라 본인이 필요해서 산 것이다.

『영업, 질문으로 승부하라』, 오정환, 호이테북스

경험한 것을 써라

경험한 일이야말로 가장 생생하고, 실감 나는 글의 소재다. 그리고 자신의 경험과 실수에서 얻은 깨달음은 독자를 움직이는 가장 좋은 소재가 된다. 글쓴이의 숨결이 묻어나야 진한 감동이 있다. 아무리 미사여구로 표현해도 진실이 깃들어 있지 않는다면 독자의 마음을 움직일 수 없다.

소중한 새벽 시간을 잡아라. 바쁜 현대 생활에서 자신이 하고픈 일을 다른 사람한테 방해받지 않고 1년 365일 꾸준하게 할 수 있는 방법은 무엇일까? 답은 한 가지다. 다른 사람들이 잠들어 있는 새벽 시간을 활용하는 것이다. 새벽 1시간 가치는 오후 3시간 이상 가치가 있다. 1시간을 집중하여 2~3시간 이상 효과를 얻는다면 그것만큼 고수익을 올리는 투자가 어디 있겠는가?

새벽은 신비한 마법이 흐르는 시간이다. 새벽 기운을 받으며 공부를 하든지, 책을 읽든지, 운동을 하든지, 기획 작업을 하든지 이 시간에 하면 특별한 에너지를 얻을 수 있다. 성공한 사람들은 이 마법의 시간을 절대 놓치지 않았다. 성공의 가능성을 배가시켜 주는 마법의 시간을 잠으로 때워 버린다면 안타까운 일이 아닐 수 없다.

나무랄 데 없이 잘 쓴 글이다. 이것만으로도 충분하다고 할 수 있다. 그런데 이 글 뒤에 글쓴이가 '새벽에 일어나서 뭔가를 했더니 좋은 결과가 나왔다.'는 자신의 경험담을 이어서 썼다면 얼마나 좋았을까? 그랬다면 '나도 일찍 일어나야겠다.'는 독자의 결심을 이끌어 낼 수 있었을 것이다.

나는 새벽 5시에 일어나 6시까지 한 시간 정도 책을 읽는다. 그렇게 일주일 읽으면 웬만한 책 한 권은 읽을 수 있다. 조금 두꺼운 책이라도 2주일이면 한 권은 읽는다. 낮이나 저녁에 읽을 때는 집중이 안 되고 이해도 안 되던 내용들이 머릿속에 쏙쏙 박히듯 들어왔다.

이렇게 자신의 이야기를 덧붙이면 독자의 행동을 이끌어 내게 된다. 다음은 내가 겪은 일이다.

가장 먼저 간 곳은 화성군청이다. 당시는 화성군청이 오산시 안에 있었다. 화성군청은 앞쪽에 민원실이 있는 건물이 한 동, 뒤쪽에 3층짜리 건물이 한 동

있었다. 먼저 뒤에 있는 건물로 가서 영업을 하기로 마음먹었다. 1층에서 사무실 출입문을 열고 들어가야 하는데 도저히 문을 열고 들어갈 자신이 생기지 않았다.

2층으로 올라갔다. 2층에서도 문을 열고 들어갈 자신이 없어 다시 3층으로 올라갔다. 총무과! 막다른 길에 들어섰는데도 출입문을 열고 들어갈 수가 없었다. 화장실로 가서 거울을 보고 넥타이를 매만지고 머리를 정돈하는 등 괜히 시간을 끌며 마음을 다잡고 다시 총무과 앞에 섰는데 역시나 문을 열고 들어갈 용기가 나지 않았다.

문을 열어 놔서 사무실 안을 볼 수만 있다면 상황 판단을 하고 들어가기 쉬울 텐데, 겨울이다 보니 사무실마다 문을 꼭꼭 닫아 놓았다. ‘여기서 문 열고 들어가지 못하면 더 이상 보험 영업을 할 수 없다! 내일부터 출근하지 말아야 한다!’ 라면서 한참을 망설이는데 직원으로 보이는 분이 나오면서 어떻게 왔냐고 물었다. “아… 예… 그냥 뭐……” 이렇게 대충 얼버무리고 말았다.

그렇게 총무과 출입문 앞에서 30분 정도 망설이다가 간신히 문을 열고 들어갔다. 사무실 안은 조용했다. 조용하니 더 주눅이 들었다. 아무 말도 못하고 명함을 붙인 안내장을 한 사람 한 사람 책상 위에 조용히 올려놓고 나왔다. 아무도 내게 말을 걸지 않았다. 아무라도 “이게 뭐예요?” 라고 물어나 봐 주면 열심히 상품 설명을 했을 텐데 질문하는 사람이 없으니 그냥 나올 수밖에. 그렇게 화성군청 사무실 전체를 다 돌아다녔지만 계약은 한 건도 못했다.

『한 번 더 세일즈』, 오정환, 호이테북스

자신이 겪은 일은 솔직하게 써야 한다. 안 좋은 일은 숨기고 잘된 일만 포장하는 것은 울림이 없다. 독자는 안다. 글이 진실한지 거짓으로 꾸몄는지. 이는 글 쓰는 실력에서 나오는 게 아니라 글쓴이의 솔직함에서 나오는 것이다. 겪은 일을 제대로 쓰려면 그때그때 메모를 해야 한다. 하나만 더 보자. 『마음을 열어주는 101가지 이야기 2』에 실린 〈뿌린 대로 거두기〉의 내용 중 일부다.

내가 중학교에 다닐 때 2학년 깡패가 내 배에 주먹을 날렸다. 나는 아프기도 하고 화가 났을 뿐 아니라 당혹감과 수치심을 참을 수 없었다. 난 복수심에 불탔다. 그래서 갑자기 기습을 해 복수할 계획을 세웠다.

그런데 어쩌다가 내 계획을 할머니에게 말하게 되었다. 큰 실수가 아닐 수 없었다. 할머니는 한 시간이 넘게 설교를 늘어놓으셨다. 설교는 지루하게 이어졌는데, 그중에 어렴풋이 기억나는 것은, 내가 그 녀석에 대해 전혀 신경 쓸 필요가 없다는 것이었다. 할머니는 말씀하셨다.

"좋은 행동은 좋은 결과를 가져오고, 나쁜 행동은 나쁜 결과를 가져오게 돼 있다."

나는 할머니에게 애써 공손한 말투로, 그것은 그렇지 않다고 말씀드렸다. 나는 지금까지 좋은 일만 해 왔는데 그 보상으로 내가 받은 것은 '개똥!' 밖에 없다고 말씀드렸다.

할머니는 주장을 굽히지 않으셨다.

"모든 좋은 행위는 어느 날인가 네게 돌아올 것이고, 네가 하는 모든 나쁜 행위도 어느 날인가 돌아올 것이다."

할머니 말씀에 담긴 지혜를 이해하는 데 30년이 걸렸다. 할머니는 캘리포니

아 라구나 힐즈에 있는 시설 좋은 양로원에서 생활하셨다. 매주 화요일이면 나는 할머니를 모시고 저녁을 사 드렸다. 할머니는 언제나 단정한 옷을 입으시고 현관 앞 의자에 앉아 나를 기다리셨다.

나는 할머니가 노인 요양소로 오시기 전에 마지막으로 함께 저녁을 먹던 때를 생생히 기억한다. 우리는 차를 타고 가족이 운영하는 근처의 작은 레스토랑으로 갔다. 나는 할머니를 위해 쇠고기 요리를 시키고, 나 자신은 햄버거를 주문했다. 음식이 도착해 내가 먹기 시작했는데도 할머니는 드시지 않고 가만히 앉아 계셨다. 접시에 놓인 음식을 물끄러미 쳐다보기만 하실 뿐이었다.

내 접시를 치우고 나는 할머니 접시를 내 앞으로 끌어당겼다. 그리고 고기를 작은 조각으로 잘라 드렸다. 그런 다음 접시를 할머니 앞으로 가져다 놓았다. 할머니는 이제 많이 노쇠하셔서 고기를 자를 힘이 없으셨던 것이다. 내가 잘라 드린 고기를 할머니는 천천히 입으로 가져가셨다. 그것을 보니 문득 옛날 생각이 나서 코끝이 시큰거렸다. 40년 전, 한 어린 소년이 식탁에 앉을 때면 할머니는 언제나 내 접시를 끌어당겨 내가 먹을 수 있도록 음식을 잘게 잘라 주셨다.

이제 40년이 흘렀는데, 그 좋은 행동이 보상을 받고 있었다. 할머니 말씀이 옳았다. 우리는 뿌린 대로 정확히 거두게 되어 있다.

"네가 하는 좋은 행동은 언젠가는 너에게 돌아올 것이다."

그러면 그 중학교 2학년 깡패는 어떻게 됐는가? 일 년 뒤 그는 3학년 깡패가 되었다.

『마음을 열어주는 101가지 이야기 2』, 잭 캔필드 · 마크빅터 한센, 이레

이 글은 자신이 겪은 일은 진술하게 썼다. 나는 마지막 구절을 읽고

얼마나 웃었는지 모른다. 읽는 이에 따라 다르겠지만 다소 밋밋하고
지루하다고 느끼는 글이었는데 마지막 반전이 글 전체를 살렸다고 볼
수 있다. 재미있으며 여운이 있는 마무리다.

이야기하듯 써라

인류가 글을 사용한 지는 얼마 되지 않는다. 오랜 인류 역사에 비하면 글을 사용한 것은 최근의 일이다. 오랜 기간 인류는 말로만 의사소통을 했다. 우린 후손에게 중요한 교훈을 남겨야 하는데 글이 없었을 때는 어떻게 했을까? 말로 할 수밖에 없었다.

'부지런히 노력하라.'는 교훈을 후손에게 남기고 싶은 아버지가 있다고 가정해 보자. '부지런히 노력하라.'를 큰 글씨로 써서 액자에 넣어 잘 보이는 곳에 걸어 두면 가훈이 되어 후손들이 지킬 것이다. 그런데 글이 없다면? 매일 같은 말을 하는 것은 잔소리가 된다. 만약 그 아버지가 '토끼와 거북이' 이야기를 들려준다면 어떨까. 일단 재미있으니 끝까지 들을 것이다. 이 이야기를 들으며 '자연스럽게 부지런히 노력하면 되는구나!'라고 깨달을 수 있다. 인류는 이런 이야기를 입에서 입으로 전달했다.

이야기는 단순하면서 머릿속에 꽂히는 마력이 있다. 우리나라 해방 전후 모습을 논문으로 읽는다면 지루하고 어렵다. 하지만 소설『태백산맥』을 읽으면 지루하지 않고 생생하게 그 당시 상황을 알 수 있다. 병자호란 당시 조선의 모습은 소설『남한산성』에서 흥미롭게 느낄 수 있다.

비즈니스 책을 쓸 때도 이야기체로 쓴다면 독자가 쉽고 재미있게 읽을 수 있다. 요즘은 그래서 자기계발서를 이야기 식으로 쓰기도 한다.『경청』,『바보빅터』,『3개의 질문』따위가 그런 책이다. 비즈니스 책을 쓸 때 이야기가 많이 들어 있으면 지루하지 않고 재미있을 뿐만 아니라 교훈을 얻고 삶의 지혜도 배울 수 있다.

이야기하듯 쓰라는 것은 앞에서 이야기한 두 가지 원칙을 모두 포함한다. 생생하게 머릿속에 그림이 그려지도록 쓰는 것이다. 다음 사례를 보자. 중앙일보 스토리텔링 리포트다. 기사를 이야기 형식으로 썼다. 글이 훨씬 재미있다. 읽는 맛이 다르다.

서울 용산구 동자동 쪽방촌 주민 김희천 씨가 비좁은 골목을 지나 계단을 오르고 있다. 지난해 서울시에서 주최한 민들레 문학상 시 부문 우수상을 받아 상금 50만 원을 탄 김 씨는 "보증금 100만 원을 모아 신월동 임대주택으로 이사하는 게 소망"이라고 말했다. 김희천 씨가 눈을 뜬 건 정오쯤이었다. 밖에선 5월의 신록이 한창 물올라 있는데, 창문이 없는 쪽방에선 밤낮조차 구별되지 않는다. 그는 습관처럼 손을 더듬어 약통을 집어 들었다. 14개나 되는 약통 가운데서 고혈압·간경화 약을 골라 삼켰다. 3.31㎡(1평)쯤 될까. 겨우 제 몸 하나 누울 수 있는 비좁은 쪽방에서 쉰일곱 살 사내는 홀로 병마와 싸우는 중이다.

희천 씨 쪽방은 2층에 있다. 부엌도 화장실도 없는 2층 건물에 쪽방 7개가 다닥다닥 붙어 있다. 편의시설이라곤 축 늘어진 고무호스가 전부다. 희천 씨는 고무호스에서 수돗물을 받아 밥을 짓고, 수챗구멍에 오줌을 눴다. 큰일은 인근 공동 화장실에서, 샤워는 쪽방촌 상담소에서 해결했다. 쪽방촌에선 수치스러울 것도 없는 일상이었다.

그도 한때는 '사장님'으로 불렸다. 1990년대 후반 수원에서 돼지 갈비집을 운영했다. 그러나 식당에 불이 나면서 모든 것을 잃었다. 화재로 아내와 열 살짜리 아들이 세상을 떠났다. 남은 재산마저 탕진해 서울역 앞에서 수년간 구걸과 노숙을 해야 했다. 희천 씨는 모진 삶을 견디지 못하고 운명에 투항하기로 했다. 서울 지하철 1호선 금정역에서 달려오는 전동차에 몸을 던졌다. 2007년 9월의 일이었다.

"여보, 아들아…. 이 지독한 가난을 견딜 수가 없어. 나도 하늘로 따라갈게."

그러나 전동차는 선로에 떨어진 희천 씨 앞에 가까스로 멈춰 섰다. 구사일생으로 목숨을 건진 뒤 그는 지금의 쪽방촌으로 들어왔다. 주변의 도움으로 기초생활보장 수급자가 됐고, 매달 40여만 원씩 생활비를 받을 수 있었다.

동자동 쪽방촌은 여러 갈래의 골목과 계단들이 미로처럼 이어져 마을을 이룬다. 30층 넘는 초고층 빌딩들이 주변에 늘어서면서 이 마을은 좀 더 외로워졌다. 쪽방촌의 주름 잡힌 골목에는 희천 씨와 비슷한 처지의 사람이 바글바글했다. 동자동에만 888개의 쪽방에서 834명이 살고 있다고 했다. 이 가운데 42%(348명)가량이 희천 씨처럼 기초생활수급 대상자였다. 한 달 치 방세 20만

~25만 원을 내고 나면 하루 생활비가 6,000원도 채 되지 않는 극빈의 삶이다.

동자동 쪽방촌은 원래 집창촌이었다가 90년대 말 주거지역으로 바뀌었다. 그 옛날 서울역 남성들이 욕망을 배설하던 곳이 도시 극빈층의 마을로 변한 것이다. 쪽방촌 사람들에게 가난은 몸의 피부처럼 달라붙은 숙명이었다. 이들에게 가난은 도무지 벗어날 수 없는 굴레처럼 여겨졌다.

2012년 가을이었나. 희천 씨는 건강세상네트워크의 설문조사에 응한 적이 있다. 11월에 결과가 나왔을 때의 충격을 그는 잊을 수가 없다. 조사 대상은 225명이었는데, 그 가운데 136명(61.5%)이 "최근 1년간 자살을 생각한 적이 있다."고 답한 것이다. '10명 중 6명이 자살을 꿈꾸는 마을이라니…. 동자동 쪽방촌에도 희망이란 게 존재할 수 있을까?' 희천 씨는 깊은 한숨을 내뱉었다.

몇 해 전 동자동 쪽방촌에서 신생아 울음소리가 울려 퍼진 적이 있다. 지난 수십 년간 쪽방촌에서 갓난아이가 태어난 일은 거의 없었다. 사람들은 쪽방 마을에 희망의 씨앗이 뿌려진 거라 생각했다. 아이 울음소리가 새어 나올 때마다 골목에는 흐뭇한 웃음이 번졌다. 아이 아빠는 희천 씨와 형제처럼 지내던 이광현 씨였다.

희천 씨보다 한 살 아래인 그는 기아자동차 생산직 노동자 출신이다. 광현 씨는 90년대 말 공장에서 왼손가락 3개가 잘려 나갔다. 더 이상 일을 할 수 없게 된 그는 술로 삶을 탕진했다. 술에 빠져 부모님이 돌아가신 사실을 2년이나 지나서야 알게 됐던 날, 그는 자살을 떠올렸다. 2000년대 중반 마지막 희망이라 생각하고 들어온 곳이 동자동 쪽방촌이었다.

광현 씨는 이곳에서 열 살 아래 부인을 만나 새 삶을 일궜다. 2011년 쉰세 살의 나이에 늦둥이 딸까지 태어나자 그는 희망으로 부풀어 올랐다. 광현 씨는 세 살 딸에게만큼은 빈곤을 물려주고 싶지 않았다. 단번에 술부터 끊었다. 공공근로나 배관 등 닥치는 대로 일을 해 돈을 모았다. 많아야 한 달에 2~3만 원을 저축하는 게 고작이었지만 1~2년쯤 더 고생하면 100만 원쯤이야 어렵지 않게 모을 수 있을 거라고, 광현 씨는 마음을 굳게 다졌다.

"100만 원이 이렇게 큰돈인가? 부자에겐 하룻밤 술값도 안 될 텐데…. 100만 원만 모이면 당장 쪽방촌을 떠날 거유."

광현 씨는 희천 씨에게 입버릇처럼 말하곤 했다. 100만 원은 한국토지주택공사에서 제공하는 임대주택의 보증금이다. 쪽방촌 주민이라면 누구나 꿈꾸는 돈이지만 아무도 쉽게 모으지 못하는 금액이었다. 가족들을 위해 분투하는 광현 씨를 보면서 희천 씨는 괜히 뭉클해졌다.

몇 해 전 희천 씨는 쪽방촌 인근 쓰레기장 텐트 속에서 숨진 채 발견된 40대 사내를 본 일이 있다. 바람이 사납게 불던 겨울밤이었다. '저 비참한 모습이 내 것일 수도 있겠구나.' 치밀어 오르는 슬픔으로 떨렸던 밤 희천 씨는 '쓰레기장 옆 작은 텐트 위의 젊은이' 란 제목의 시를 적었다. 그는 이 시를 2012년 서울시 민들레문학상에 출품해 우수상을 받았다. 상금은 50만 원이었다. 그는 그 돈을 한 푼도 쓰지 않고 보관했다.

'50만 원만 더 모으면 나도 임대주택으로 갈 수 있겠지.'

이런 꿈을 꾸면서도 희천 씨는 어쩐지 쓸쓸해지곤 했다. 쪽방촌에선 희망조차 외로운 처지였다. 절망의 굴레에서 벗어나고자 쪽방촌 사람들은 '100만 원의 꿈' 을 꾸지만 그 꿈은 도무지 도달할 수 없는 먼 곳에서 아른거리기만 하는 것이었다.

몇 달 전 쪽방촌에 예기치 않은 경사가 생겼다. 쪽방촌 언덕배기에 사는 스물

일곱 동갑내기 부부가 아기를 가진 것이다. 부부는 태명을 '희망이' 라고 지었다. 쪽방촌 사람들은 이 부부를 '희망이 엄마, 아빠' 라고 불렀다. 마치 빈곤의 굴레에서 벗어나고 싶은 이곳 사람들의 주문(呪文)처럼 들렸다. 절망과 희망이 교차하는 어름에서 쪽방촌의 삶은 간신히 흘러가고 있었다.

「중앙일보」, 2013. 05. 13

하나만 더 보자. 역시 「중앙일보」에 나온 기사다.

전화가 걸려온 것은 점심시간이었다.

"정 기자, 조용한 곳에서 전화 받을 수 있어요?"

공안 당국 관계자 A였다. 민감한 정보가 있다는 뜻이었다. 2013년 3월 14일. 서울은 늦추위로 꽁꽁 얼어붙어 있었다. 나는 손을 호호 불어 가며 수화기 건너편 A의 목소리에 귀를 기울였다.

"김학의 법무부 차관과 관련한 소문 들어 봤죠?"

"들어 보긴 했는데 하도 황당한 얘기라……."

"그게 실체가 아주 없는 건 아닌가 봐. 경찰청이 수사에 착수했다는 얘기가 있어요."

순간 머릿속이 복잡해졌다. 현직 법무부 차관, 섹스 동영상, 건설업자의 불법 성접대……. A의 입에서 튀어나오는 말들을 조합하자 서늘한 예감이 몰려왔다.

'초대형 사건이 터지겠구나.'

그로부터 나흘 뒤, 이세민 경찰청 수사기획관이 기자실을 찾았다.

"언론에서 제기된 의혹에 대해 내사에 착수했습니다."

기자실이 술렁였다. 곳곳에서 질문이 쏟아졌다.

"성접대 의혹도 수사하실 건가요?"

"대가성이 있습니까?"

"자, 지금은 초기 단계니까. 성접대 부분도 수사할 만하면……."

이 기획관은 즉답을 피했다. 경찰 수뇌부는 곤혹스러운 처지였다. 성접대 사건과 관련해 수뇌부는 청와대에 "내사 사실이 없다." 라고 보고했던 터였다. 하지만 일선 수사 라인이 내사 사실을 별도로 청와대에 보고하면서 발칵 뒤집혔다. 며칠 전 김기용 경찰청장이 전격 경질된 배경도 엇갈린 보고 때문이라는 얘기가 돌고 있었다.

경찰청은 21명으로 특별수사팀을 꾸렸다. 수사팀은 김학의 차관이 등장한다는 '성접대 동영상' 확보에 전력을 기울였다. 3월 20일. 경찰은 1분3초 분량의 동영상을 손에 넣었다. 내가 가까운 취재원으로부터 전해 들은 동영상 내용은 이랬다.

"한 중년 남성이 노래방에서 '연' 이라는 노래를 부르다 돌발적으로 검은 원피스 차림의 여성과 성관계를 한다."

경찰에 불려온 30대 여성은 "동영상에 나오는 인물은 김 차관이 맞다. 나도 직접 성관계를 했다." 라고 진술했다. 인터넷상에는 이미 성접대 연루 인사로 김 차관의 실명과 사진이 떠돌고 있었다. 김 차관은 다음 날 곧바로 사표를 제출했다. 그가 수척한 얼굴로 법무부를 빠져나간 뒤 공식 해명이 전달됐다.

"모든 게 사실이 아닙니다. 반드시 진실을 밝혀 명예를 회복할 것입니다."

「중앙일보」, 2013. 07. 19

이렇게 옆 사람에게 말하듯이 글을 쓰면 된다. 마치 시나리오를 쓰듯 말이다. 그런데 이야기는 이야깃거리가 있어야 한다. 그러면 어떤 이야기가 독자의 흥미를 끌까? 더그 스티븐슨이 쓴 『명강의 무작정 따라 하기』에는 독자에게 흥미를 줄 만한 이야깃거리를 알려 주고 있다.

1.시련을 극복한 이야기 : 시련을 극복한 이야기는 독자에게 감동을 주고 동기부여 할 수 있는 이야깃거리다.

2.한바탕 소동 이야기 : 재미있는 부분은 약간씩 더 재미있게 과장한다. 사소한 것이라도 없는 사실을 끼워 넣으면 안 된다.

3.지혜가 담긴 이야기 : 신화, 전설, 민담 속에서 찾을 수 있다.

4.공신력 있는 이야기 : 책, 신문기사, 뉴스 등에서 찾을 수 있다. 저작권법을 준수하는 것을 잊어서는 안 된다. 공신력 있는 이야기는 되도록 절제해서 사용해야 한다.

5.교육 이야기 : 다른 이야기보다 좀 더 지성에 호소해야 한다.

글을 쓰려는 사람은 평소 이야깃거리를 많이 저장해 놓아야 한다. 신문 · 잡지 · 책을 읽으며 좋은 이야깃거리를 한곳에 모아 놓으면 좋다. 신문이나 잡지는 그전처럼 스크랩하지 않아도 되니 편하다. '5장. 책 뼈대 만들기'의 '자료 모으기'를 참고하라.

리듬감 있게 써라

좋은 문장은 읽기가 편하다. 마치 시를 읽는 것과 같은 운율이 있다. 글을 잘 쓰는 사람들은 문장을 짧게 끊어 쓰기도 하고 길게 늘여 쓰기도 한다. 긴 문장과 짧은 문장이 조화를 이루어 읽을 때 리듬감이 있다. 그러면 어떤 문장은 짧게 쓰고 어떤 문장은 길게 써야 할까? 우선 무엇인가 주장하는 것은 짧게 끊어 쓰는 것이 좋다. 마치 글에 강조점을 주듯 쓴다. 다음 문장을 보자.

사람은 꿈이 있어야 한다. 꿈은 살아가는 에너지다. 꿈이 없으면 죽은 사람이다. 위인들은 한결같이 꿈이 있었다. 꿈으로 역경을 이겼다. 꿈으로 절망을 견뎠다. 꿈이 위인을 만들었다.

짧게 끊어 쓰며 '꿈'을 반복하고 있다. 독자는 이 문장을 읽으며 '꿈'에 힘을 주게 된다. 반면 행동이나 연속성을 강조할 때는 길게 쓰는 게 좋다.

책은 내게 유일한 돌파구였다. 책을 읽으며 세상 걱정을 잊었고, 책을 읽으며 희망을 키웠고, 책을 읽으며 미래를 향해 한 발 한 발 다가갔다. 책은 내게 힘내라고 위로해 주었고, 내가 가야 할 길을 안내해 주었고, 나와 같은 사람들이 어떻게 긴 터널을 빠져나왔는지 알려 주었으며, 세상의 질시와 무시와 비난에서 나를 지켜 주었다. 책은 내게 든든한 방패였다.

글을 쓰고 나서 소리 내어 한번 읽어 보라. 잘 읽히면 잘 쓴 글이다. 지루한 글은 리듬이 없다. 다음 글을 보자. 우리나라의 대표적인 글쟁이 정민 교수의 글이다. 군더더기 없이 간결하고 리듬감이 살아 있다.

오가는 말을 보면 그 시대의 품격이 보인다. 요즘 언어는 너무 강파르다. 날을 세워 독란하다. 저마다 자기 말만 옳고 남이 틀렸다고 한다. 귀는 틀어막고 소리만 질러댄다. 대화는 없고 고성만 오간다. 경청, 즉 귀 기울여 듣는 태도는 찾아볼 수가 없다. 하나 마나 한 말이고, 들으나 마나 한 얘기다. 그러면서도 말이 안 통해 답답하다는 얘기는 빼먹지 않는다. 전부 아니면 전무여서 중간이 없다.

「조선일보」, 2013. 11. 27

다음은 조선일보 김대중 주필이 쓴 칼럼이다. 명불허전이다.

대한민국은 하나가 아니다. 둘이고 셋도 된다. 대한민국 국민도 하나가 아니다. 둘로, 셋으로 갈려 서로가 이를 악물고 서로를 증오하고 있다. 그러니 이나라 정치권이 사사건건 대립하며 원수처럼 으르렁대고 서로 잡아먹을 듯이 기승을 부리고 있는 것은 당연하다. 이쯤 되면 대한민국 국민은 같은 하늘 아래 산다고 말하기도 부끄럽다.

우리는 지금 어느 한 쟁점에서도 국론을 제대로 모아 본 기억이 없다. (어쩌면 전두환 전 대통령의 재산을 환수하는 것에 온 나라가 손뼉 친 것이 유일한 예외일 것이다.) 천안함 폭침 사건부터 그랬다. 서해 북방한계선(NLL) 문제도 날카롭게 대립했다. 국정원의 대선 개입 의혹에서도 견해는 완연히 찬반으로 갈렸다. 고교 한국사 교과서 채택에서 대한민국의 정통성, 정당성 문제에 좌파가 악을 쓰고 나섰다. 채동욱 혼외 아들 문제에서는 사실 여부는 제쳐 두고 정치적 음모설까지 등장하며 견해가 대립했다. 마침내 박근혜 정부의 기초노령연금 문제에 이르러서는 국론 분열이 최고조에 달한 느낌이다.

더 거슬러 올라가서는 제주 해군기지 건설을 둘러싼 좌우 대립이 있었고 한·미 FTA 문제도 극심한 국론 분열의 현장이었다. 밀양 송전탑 문제도 쉽게 사회적 합의를 이끌어 낼 수 없었던 대립의 전형적 양상을 보여 줬다. 그 밖에도 골목 상권 등 지금 우리는 우리 주변의 먹고사는 문제에서도 끝없이 부딪치며 아파하고 있다.

우리나라가 전체주의 국가가 아닌 이상, 정치·사회·문화적 이슈에 대해 반대 의견이 있을 수 있고 또 있는 것이 당연하다. 한 사회가 발전하려면 이런

반대와 재론과 협상을 통해 상대방을 이해하고 긍정하는 정반합(正反合) 과정
이 필수적이다. 그것이 대칭적 구도 아래서도 권력이 정당화될 수 있는 근거
다. 그래서 야당이 있고 반대 세력이 있는 것이다.

그런데 지금 우리 사회에서 벌어지고 있는 '사사건건 대립과 증오' 현상은
단순한 견해 차이나 의견 대립에서 오는 것이라고 하기에는 그 정도가 너무 심
각하다. 그 본질 면에서 어떤 트라우마 같은 것이라고 말할 수밖에 없을 정도
다. 거기에는 타협이나 양보의 여지가 전혀 없다. 찬성과 반대의 본질은 '동의
한다, 안 한다' 에 있는 것이 아니다. '좋다, 나쁘다' 도 아니다. 우리의 대립은
한마디로 서로가 '싫다' 에서 비롯한 것이다. 엊그제 인터넷에 보도된, 박근혜
를 조롱하는 '닭그네' 라는 이름의 식당과 노무현을 비하하는 '고노무' 라는
이름의 호두과자 이야기는 단순한 패러디 수준을 넘어 서로에 대한 증오의 냄
새가 배어 있음을 느끼게 했다.

어느 학자(신평 경북대 교수)는 그 원인을 역사에서 찾으려고 했다. 식민지
시대의 친일 문제, 해방 후 좌우 대립, 6 · 25전쟁, 권위주의 시절의 민주화 탄
압 등은 그 과정에서 많은 희생자를 냈고 "그것이 양쪽의 대칭 권력화를 만들
어 한쪽이 다른 쪽을 증오하게 됐다." 라고 진단했다. 우리는 광복 이후 오늘
에 이르기까지 많은 갈등의 산(山)을 넘어왔다. 그러나 종교적 갈등에 매여 있
는 중동을 제외하고는 세계 여러 나라가 지난 반세기 동안 적어도 국내적 차원
에서는 갈등 구조를 최소화하며 경제적 생존에 치중하고 있다. 중국이 좋은 예
이고 오늘의 일본도 그렇다. 그런 상황에 비해 우리는 경제적 여건이 다소 호
전되었음에도 죽고 살기 식 첨예한 대결 구도를 벗어나지 못하고 있다. 이것은
우리의 분단 구조 때문이다. 우리의 갈등과 증오는 이념의 터 위에서 더욱 잘

자라고 있다.

이 땅의 지도자라면 이 집단 트라우마를 치유하고 적대적 증오를 삭이는 일을 천착해야 한다. 복지 정책도 좋고 경제 살리기도 좋고 '3만 달러' 도 좋다. 그보다는 사사건건 대립에 얽매여 있는 우리 국민을 치유하는 일이 무엇보다 시급하고 위중한 시대적 과업이다. 반대자를 만나고 반대 견해를 귀담아듣고 공존을 위해 양보하고 타협하는 리더십 없이는 국민 증오병, 적대적 양극화를 치유할 수 없다.

원래 권력자에게는 가진 것을 내놓으면 양보가 되지만, 반대자 입장에서는 패배가 되는 법이다. 박근혜 대통령은 지난주 자신이 대선 때 내건 복지 정책에서 일보 후퇴해 기초노령연금에 대한 조정안을 내놓았다. 이것마저 지금으로서는 야당과 반대 세력에 좋은 '먹잇감' 을 제공한 셈이 됐지만 길게 봐서 그가 원칙주의자 또는 불통 대통령 이미지에서 탈피할 수 있는 첫 단추를 낀 것으로 치부하고 싶다. 그것이 '박근혜식 융통성' 인지는 속단할 수 없지만 우리는 거기서 반대 의견을 듣고 그에 따라 사리를 분간하고 필요하다면 양보하고 타협하는 시대적 요청의 절박함을 읽고 싶다.

「조선일보」, 2013. 10. 11

잘 쓴 글은 입에 짝 달라붙는다. 읽기 편하고 읽으면 글쓴이의 생각이 그대로 머릿속에 들어온다.

시작부터 호기심을 불러일으켜라

첫 문장은 첫인상과 같다. 독자들은 첫 문장이나 처음 몇 문장을 읽어 보고 나서 글을 끝까지 읽을 결심을 한다. 그러므로 글의 시작은 독자의 호기심을 불러일으켜야 한다. 나는 지인의 집에서 이문열이 쓴 『삼국지』 1권의 첫 장을 우연히 보고 나서 마음에 들어 10권을 모두 읽었다. 시작은 이런 것이다. 다음은 조선일보에 실린 글이다. 이처럼 흥미로운 이야기는 독자를 끝까지 묶어 놓는 힘이 있다.

중학교 교사로 정년퇴임한 여인이었다. 규율 잡는 학생부장만 15년을 했단다. 태어나 신발 뒤축을 구겨 신은 적도 없고, 무릎 위로 치맛단을 올린 적도 없단다.

"교직 40년에 분칠 한 번 해 본 적 없다면 믿겠어요?"

그녀가 '변신'을 도모한 건, 나이 육십에 믿었던 서방에게서 기뚱찬 '선물'을 받고 나서였다.

"여자가 있더라고. 나 몰래 3년을 만나 온. 소처럼 우직하고 가족밖에 모르는 범생인 줄 알았더니, 그이도 사내더라고요."

남편을 내쫓은 건 물론이었다. "미안해."라는 말에 피가 거꾸로 솟았다고 했다.

"차라리 오리발을 내밀지. 사랑은 아니었다, 거짓말을 할 것이지."

남편이 짐을 싸서 고향 마을로 내려간 날, 그녀는 생애 처음 붉은 립스틱을 발랐다.

"너무 반듯하게 사는 거, 위선이더라고. 그야말로 백치 인생을 살았지 뭐야. 한 번쯤 일탈해도 세상이 무너지지 않던걸. 우산 없이 비 쫄딱 맞으며 걸어보는 것도 사람 사는 맛이던걸."

「조선일보」, 2013. 08. 06

이 글처럼 다른 사람 이야기로 호기심을 돋우든지 자기 이야기로 독자의 호기심을 돋울 수도 있다. 말콤 글래드웰이 쓴 『아웃라이어』도 이야기로 시작하고 있다.

로마에서 동남쪽으로 100마일 정도 떨어진 이탈리아 포자(Foggia) 지방의 아펜니노(Appennino) 산맥 기슭에는 로제토 발포르토레라는 작은 마을이 있다.

『아웃라이어』, 말콤 글래드웰, 김영사

질문으로 시작하는 방법도 있다.

요즘과 같은 무한 경쟁 사회에서 승자가 되려면 어떻게 해야 할까? 남을 앞서는 지혜가 필요하다. 남과 다른 탁월함이 있어야 한다는 뜻이다. 탁월함을 뜻하는 영어 단어는 엑셀런스(excellence)다.

『리틀빅씽』, 톰 피터스, 더난출판

아이를 창의적으로 키우고 싶은가?

『성공, 질문으로 승부하라』, 오정환, 호이테북스

「중앙일보」에 실린 양선희 논설위원의 글은 독자의 궁금증을 자아내는 시작과 여운을 남기는 마무리를 어떻게 해야 하는지 잘 보여 주고 있다.

모피가 문제다. 요즘 패션가의 화두는 '아름다움'이 아니라 '도덕성'이란다. 패션의 가치를 가르는 기준이 미적 완성도가 아니라 윤리적인지 아닌지에 있다는 것이다. 윤리적 패션은 친환경적이고 소재도 공정하게 획득하는 걸 말한다. 이런 풍토에서 천연모피는 반윤리적 패션의 저 끝에 있는 것으로 평가된다. 모피는 동물학대의 결정체이기 때문이다.

지난 일요일 서울 삼성동 섬유센터에선 '사랑을 입다'라는 제목의 패션쇼가 열렸다. 패션쇼에 등장한 의류는 모두 인조모피(페이크 퍼), 인조가죽 등 천연소재의 대안 소재로 만든 것들이다. 동물학대로 얻어지는 천연모피와 가죽 대신 현대 기술의 산물인 인조모피와 가죽 제품을 입는 게 자연 사랑을 실천하는 길이라는 메시지다. 국제동물보호단체 PETA와 동물사랑실천협회가 주최한 행사라고 했다. 행사 직전엔 참석자들이 모피 반대 퍼포먼스를 벌이기도 했다. 그런가 하면 카를 라거펠트, 스텔라 매카트니 등 세계적 디자이너들도 인조모피 패션을 내놓고 윤리적 패션을 실천한다고 선전한다.

문제는 모피다. 올겨울 거리엔 천연이든 인조든 모피가 넘치고, 패딩코트의 소매 끝이나 모자 끝에 '퍼(fur) 트리밍' 이라도 달고 다닌다. 코트 값이 본체보다도 어떤 퍼 트리밍을 썼느냐로 좌우될 정도다. 값싼 인조모피가 넘치다 보니 퍼 베스트, 퍼 목도리, 퍼 재킷 등 아이템도 다양해졌다. 그렇다 보니 모피 좀 '입어 주는 분' 들은 요즘이 모피 입기에 분위기가 가장 좋단다. 옛날엔 눈치가 보였는데 요즘은 너도나도 모피이니 눈치 볼 필요가 없다는 것이다.

왜 모피일까? 일부 모피 반대론자들은 사치심 때문에 따뜻하지도 않은데 입는다고 주장하기도 한다. 그런데 아니다. 모피는 어떤 방한의류도 따를 수 없이 따뜻하고 포근하고 편안하다. 물론 모피 애호가 이런 기능적인 이유 때문만은 아닐 것이다. 큰맘 먹고 모피코트를 산 게 가장 잘한 소비였다고 주장하는 한 전문직장인 후배는 이런 '모피론' 을 폈다.

사냥 잘하는 남자가 최고였던 원시시대에 그 최고 남자의 아내가 가장 좋은 모피옷을 입었을 테고, 이런 기억의 DNA가 유전되면서 모피는 '사모님' 의 옷이 되고, 여자의 로망이 되었다는 것이다. 미혼인 이 후배는 "좋은 남자를 만나는 건 힘들어도 모피코트는 살 수 있으니 모피는 여성의 시린 삶을 감싸 주는 가장 착한 제품" 이라고 했다. 웃자는 얘기지만 어쨌든 여성은 모피를 포기할 리 없다.

오죽하면 동물 보호하자며 모피를 반대하는 환경론자들이 환경에 득이 안되는 화학적으로 만든 인조모피를 입으라고 권유하고 나섰을까. 덕분에 인조·리얼 가리지 않고 모피가 거리를 뒤덮고, 착한 패션의 정체는 모호해졌다.

문제는 사람이다.

「중앙일보」, 2013. 11. 28

이 밖에도 글을 시작하는 방법은 수없이 많다. 유명한 말을 인용하며 시작하는 방법도 있고, 신문기사를 인용하는 방법도 있다. 책을 많이 읽으면 스스로 터득할 수 있다.

마지막 여운을 남겨라

글에 왜 여운을 남겨야 하는지는 연암 박지원이 이미 200년 전에 일러 줬다. 앞에서 나왔지만 다시 한 번 보자.

여운을 남기는 것은 군대를 정돈하여 개선하는 것이다. 전쟁에서 군대의 개선은 사실 의미 없는 절차지만 개선으로 승리를 되새김질하게 하는 장점이 있다. 여운은 글이 끝난 뒤에도 읽은 사람이 아쉬워하며 다시 보게 되는 것이다.

책을 읽고 난 후 감동이 오래간 적이 있지 않았는가? 그다음은 어떻게 될지 궁금해한 적도 있지 않았는가? 한 번 읽은 책이 좋아서 다시 읽은 적도 있지 않았는가? 물론 책 전체가 좋아야 함은 두말할 나위가 없다. 전체 내용은 엉망인데 마무리를 잘했다고 여운이 남을 까닭이 없다. 여운을 남기는 좋은 방법 중 하나는 핵심 내용을 다시 한 번 강조하는 것이다. 정민 교수가 쓴『다산선생 지식경영법』은 각 장별로 요약을 남겨 독자로 하여금 읽은 내용을 다시 한 번 복습할 수 있는 기회를 준다.

마지막을 어떻게 처리하느냐에 따라 여운이 오래 남는다. 다음은 일간지「한겨레」에 실린 칼럼의 마지막 부분이다.

무엇이, 왜, 어떻게 닮았고, 닮아 가는지 알겠는가? 왜 '하늘이 열리는 날'(개천절)에는 '국경일' 인데도 그에 걸맞은 '잔치' 가 없었고, '공휴일' 로 다시 지정된 '한글날' 에는 온 국민이 눈여겨볼 만한 '행사' 가 없었는지 미루어 짐작이 가는가? 두 눈 똑바로 뜨고 보자. 이 '피의 잔치' 를.

「한겨레」, 2013. 10. 10

끝 부분이 독자에게 생각하도록 강요한다. '두 눈 똑바로 뜨고 보자. 이 피의 잔치를.'이라는 마지막 구절을 보고 어떻게 눈을 감고 생각에 잠기지 않으랴. 마지막을 어떻게 마무리하고 있는지 몇 가지 사례를 더 살펴보자.

1970~1980년대를 살아온 중2의 부모들이 '술 권하는 사회' 를 살아왔다면 요즘 아이들은 '두통 권하는 사회' 에서 고통받고 있는 듯하다. 중2병은 이 같은 현실을 적당히 덮고 싶거나 사춘기의 하나로 치부하려는 어른들이 갈수록 키우고 있는 병일지도 모른다. 수능시험을 끝낸 아이들이 또 얼마나 대학입시

로 두통을 앓을까.

「경향신문」, 2013. 11. 12

노벨문학상과 관련하여 번역을 이야기하는 것은 신세타령에 지나지 않을지도 모릅니다. 반도체 팔고 선박 팔고 자동차 팔아 경제력이 좀 나아졌다고 해서 문화적으로도 강국이 되는 것은 아니지요. 일 년에 시나 소설을 몇 권이나 사서 읽는지, 우리 모두 가슴에 손을 얹고 생각해 볼 일입니다. 국내에서 대접받지 못하는 문학이 해외에서 대접받을 수 없음은 자명한 노릇이 아닐까요.

「한국일보」, 2013. 10. 30

원전, 고속철에 이어 전시에 대비해야 할 무기까지 이 모양이라면 댐이나 상·하수도 설비, 대형 다리, 통신설비 같은 우리나라 공공 인프라에 공급되는 부품 가운데 온전한 것이 얼마나 되겠는가. 정부는 국가 핵심 시설의 부품 안전성을 전면적으로 조사할 대책을 세워 국민 앞에 제시해야 한다.

「조선일보」, 2013. 11. 12

경제경영서나 자기계발서는 책을 읽은 뒤 독자의 실천이 중요하다. 독자가 바로 실천할 수 있도록 유도하는 것도 좋은 끝맺음이다. 내가 쓴 『한 번 더 세일즈』에는 소주제가 끝날 때마다 다음과 같이 실천 사항을 첨부하여 독자의 실천을 독려했다.

- 오늘 당장 해야 할 일 -

1. 그동안 연락할까 망설였던 가망 고객의 이름을 적어 보고 연락하자.

2. 한두 번 방문했다가 거절당한 곳에 다시 한 번 찾아가 보자.

3. 고객을 위해 내가 할 수 있는 것은 무엇인지 찾아보자.

- 지속적으로 해야 할 일 -

1. 고객의 도우미가 되기 위한 방법을 찾아 수시로 실천한다.

2. 고객의 관심사 취미 등을 알아보고 고객관리 카드에 기록한다.

3. 매일 만날 가망 고객 수를 정하고 실천해 보자.

술술 읽히는 책을 쓰는 방법

책이나 글을 읽을 때 어떤 것은 술술 읽히며 이해하기 쉽고, 어떤 것은 한 번 읽어서는 이해할 수 없는 게 있다. 물론 내용이 심오하여 이해할 수 없는 것도 있지만, 대부분은 필요 없이 어렵게 쓴 것들이다. 이제 본격적으로 부드럽게 글을 쓰는 방법을 알아보자. 이 부분 내용은 『우리글 갈고 닦기』(이수열, 한겨레신문사, 2002), 『문장기술』(배상복, 랜덤하우스, 2008), 『우리 문장 쓰기』(이오덕, 한길사, 1996), 『글 고치기 전략』(장하늘, 다산초당, 2009)을 참고하였음을 미리 밝힌다.

친절하게 써라

당신이 쓴 책을 읽을 사람이 누구인가? 그 분야를 잘 아는 사람인가 잘 모르는 사람인가. 설득하려고 하는가, 정보를 주려고 하는가. 공부를 많이 한 사람인가, 그렇지 않은 사람인가. 무엇을 쓰든지 당신은 읽는 사람을 생각하며 써야 한다. 글을 쓴 다음, 직접 소리 내어 읽어 보라. 아니면 다른 사람에게 읽어 달라고 부탁하라. 그리고 독자가 되어 들어 보라. 이해가 되는가? 읽기에 편한가?

무슨 이야기를 하는지 헷갈리는 글, 전문적인 용어만 잔뜩 나열한 글, 앞뒤가 오락가락하는 글은 불친절한 글이다. 독자가 누구인지 생각하지 않고 쓰기 때문에 그렇다. 글은 쓰는 사람이 주인이 아니다. 읽는 사람이 주인이다.

유제두는 중량급이면서도 경쾌한 풋워크와 유연한 보디워크가 강점이었다. 완벽한 보디블로까지 겸비해 안면 타격 없이도 상대 선수를 캔버스에 눕히는 게 장기였다.

유제두는 유명한 권투선수였지만, 오래전 일이니 지금은 모르는 사람도 많을 것이다. 풋워크 · 보디워크 · 보디블로가 권투에 사용되는 용어라 일반인은 모를 수도 있다. 친절하게 쓴다는 것은 이런 전문 용어를 독자가 이해하기 쉽게 고쳐 쓰거나 적절한 설명을 붙여 쓰는 것이다.

전 프로 권투선수 유제두는 중량급이면서도 경쾌한 발놀림과 유연한 몸놀림이 강점이었다. 완벽한 복부 타격 기술을 갖춰 얼굴 타격 없이도 상대 선수를 바닥에 눕히는 게 장기였다.

앞의 글과 그다음 글이 확연히 다르지 않은가? 분별없이 쓴 외국어를 우리말로 바꾸기만 했는데도 읽는 사람이 편하다. 유제두가 누구인지 모르는 사람도 있을 수 있으니 '전 프로권투 선수'라는 정보를 주어야 친절한 글이다.

다음 글을 보자. 신문에 나온 것인데 어려운 말을 많이 써서 한 번 읽어서는 도무지 무슨 내용인지 이해할 수 없다. 굵게 표시한 부분이 특히 그렇다.

세계를 제패한 대한민국의 기능인들이 금의환향했다. 기능올림픽 4연패 달성과 통산 18번 종합우승이라는 전대미문의 위업을 달성하고 돌아온 것이다. 이 기록을 바꿀 나라는 한국밖에는 없다. 이번 대회 주최국 독일은 기능 강국답지 않게 매우 저조한 성적이었다. 기능올림픽 결과만 보면 누가 봐도 독일은 우리 상대가 될 수 없다. 그렇다고 한국 제조업의 기술 경쟁력이 독일보다 월등하다고 믿는 사람은 없다. 변함없이 독일은 장인(匠人·마이스터)이 존중받는 기능인의 모델 국가로 자리하고 있을 뿐이다.

한국이 기능올림픽에서 18번이나 우승했지만 아직도 직업 교육뿐만 아니라 제조업 기술 경쟁력 면에서 독일에 크게 뒤지는 것은 분명한 사실이다. **기능 선진국들은 기능올림픽이 직업 교육의 본질에서 표출되는 반면 우리의 세계 제패는 본질에서 나온 자연스러운 현상이 아닌 셈이다.** 이런 이유로 한국은 기능 강국이지만 기능 선진국의 반열에 오르지 못하고 있다. 세계 최고의 기능 강국이 제조업 강국이 되지 못하고 있는 것은 아이러니한 제도의 모순 때문이다.

세계를 제패한 우수 기능인이 산업 현장을 외면하고 대학 진학을 택해 제조업의 맥을 이을 수 없는 상황까지 직면한 것이 우리 현실이다. 기능올림픽에서 우리보다 뒤진 성적을 냈지만 독일·일본·스위스 등은 제조업 강국으로 세계시장을 석권할 만큼 강점의 노하우를 갖추고 있다. 일찍이 '뿌리 기술'의 중요성을 깨닫고 기능인 육성 로드맵을 구축하고 기능인을 대우하는 풍토를 조성한 것이다. 그 결과 '넘버원'이 아닌 '온리원'을 추구할 수 있는 제조업의 강점을 지니게 됐다. **강점은 산업 경쟁력의 핵심으로, 재능·기술·지식 등의 조화에서 표출하는 극한의 능력을 발휘하는 노하우로,** 기업과 국가의 브랜드 가치를 높일 뿐 아니라 미래를 이끌 동력이다. 뛰어난 기능인의 역량을 강점으로 키우지 못하는 것은 국력 손실이다. 기능올림픽 입상자에게 상금·훈장으로 격려하는 것은 마땅한 일이지만 메달만 따는 기능 강국에 머물러서는 안 된다. **세계 제패의 쾌거가 직업 교육의 본질에서 표출될 수 있는 시스템을 구축해야 한다.** 이것은 능력 중심 사회를 다지는 초석이며 학벌 만능주의를 타파하고 제조업의 강점을 키우는 길이다.

「조선일보」, 2013. 07. 15

이렇게 어려운 글과 마주쳤을 때 이해를 못한다고 자책할 필요가 없다. 이런 글은 글쓴이가 잘못 쓴 것이다. 글을 쓰는 이는 쉽게 쓸 의무가 있다. 쉽게 쓰는 게 친절하게 쓰는 것이다. 친절하게 쓰라는 말은 구체적으로 쓰라는 말과 통하기도 한다. 다음 예문을 보면 구체적으로 쓰는 것이 무엇인지 제대로 알 수 있다.

▷노년층은 자식에게 집을 물려주지 않으려 한다.

▶자기 집을 가진 노년층 4명 가운데 1명은 자녀에게 집을 물려주지 않으려고 한다.

▷이 시스템을 사용하시면 생산성이 올라 매우 경제적입니다.

▶이 시스템을 사용하시면 그동안 3시간 걸리던 작업속도가 2시간 30분으로 줄어듭니다. 불량률도 1% 미만으로 줄일 수 있어 경제적인 효과가 연간 수십억 원에 달할 것으로 판단하고 있습니다.

친절한 글쓰기는 이처럼 쉬운 말로 쓰고 구체적으로 써서 읽은 이가 이해하기 쉽게 써야 하는 것이다. 다음 글은 신문에 실린 안도현 시인의 글이다. 어려운 단어 없이 자기 생각을 잘 표현하고 있다. 술술 읽힌다.

■ 휴가 유감 ■

휴가는 다녀오셨어요? 아무렇지 않게 이런 인사를 받으면 나는 참으로 난감해진다. 대답할 말이 없는 것이다. 피서는 좀 다녀오셨어요? 차라리 이렇게 묻는다면 몰라도. '휴가' 라는 이름으로 평생 한 번도 어딜 다녀와 보질 못했다. 휴가를 가기 위해 계획을 짜 본 적도 없고, 떠나기 전에 설레는 마음을 품어 본 적도 없다. 학교를 졸업하고 나는 주로 '선생' 이었거나 글을 쓰는 '백수' 였다. '선생' 은 방학이 있으니 휴가를 신청할 일이 없고, '백수' 에게는 나날의 삶이 늘 휴가여서 따로 휴가를 갈 기회가 없었다.

요 몇 년 사이 휴가의 개념이 비로소 일상 속으로 들어와 굳어진 듯하다. 직장인이라면 여름철에 당연히 다녀와야 하는 통과의례처럼. 고속도로 휴게소가 명절 때처럼 붐비는 걸 보고 깜짝 놀랐다. 일상에서 단 며칠이라도 벗어나고 싶은 마음들을 바라보며 내 딴에는 좀 안쓰러웠다. 자본은 대체로 평등하지 않으므로 휴가에도 계급적인 질서가 작동하는 건 아닐까 하는 기우도 생겨났다. 다들 들떠서 떠나는데, 떠나지 못하는 사람이 있을 것이다. 남들은 값비싼 피서용품을 은근히 과시하는데, 슬그머니 감추는 사람도 있을 것이다. 또 나들이하기 좋은 봄이나 가을을 제쳐 두고 왜 여름에만 떠나는 것일까? 눈 내리는 겨울에 산장에서 며칠 쉬겠다는 생각은 왜 하지 않는 것일까? 뼈 빠지게 일하면서 앞만 보고 달려온 우리에게 휴가는 아직도 낯선 그 무엇이다. 나만 그리 생각하는 걸까?

「한겨레」, 2013. 08. 06

간결하게 써라

한 문장에서는 한 가지만 주장해야 한다. 그래야 이해하기 쉽다. 문장이 짧아야 하는 이유다. 어느 정도가 적당한 길이일까? 30~50글자를 넘어가면 긴 문장이다. 다음 문장을 보자.

또한 식사 시간을 적극적으로 활용해야 하는데, 대부분의 직장인들이 점심시간에 같은 부서 동료들과 식사를 하는 것이 잘못된 것이라는 말은 아니지만 점심시간은 생각하기에 따라 훨씬 소중한 시간으로 활용할 수 있기에 조금은 안타까운 일이라 말할 수 있겠다.

이 문장은 글자 수가 무려 105자다. 매우 길다. 이런 문장은 독자를 숨차게 한다. 다음과 같이 몇 문장으로 끊어 쓰는 게 옳다.

또한 식사 시간을 적극 활용하자. 대부분 직장인들은 점심시간에 같은 부서 동료들과 식사를 한다. 이것이 잘못된 일은 아니다. 하지만 점심시간은 생각하기에 따라 훨씬 소중한 시간으로 활용할 수 있기에 조금은 안타까운 일이다.

한 문장을 네 문장으로 나누고, 군더더기를 없앴더니 글자 수가 10자 이상 줄고 읽기 편해졌다. 이런 사례를 몇 개 더 살펴보자.

▷일 때문에 하는 야근은 피할 수 없겠지만 일반 모임이라면 어쩔 수 없는 자리 외에는 줄이고 저녁은 가급적 가족과 함께 하는 것이 필요할 뿐 아니라 지나친 저녁 모임은 분명 다음 날 생산성을 떨어뜨리고 건강에도 무리를 주기 때문에 장기적으로 성공한 인재가 되는 데 오히려 나쁜 영향을 줄 수 있다.

▶일 때문에 하는 야근은 피할 수 없지만 일반 모임이라면 어쩔 수 없는 자리 외에는 줄여야 한다. 저녁은 가급적 가족과 함께 하는 것이 필요하다. 지나친 저녁 모임은 분명 다음날 생산성을 떨어뜨리고 건강에도 무리를 준다. 장기적으로 성공한 인재가 되는 데 오히려 나쁜 영향을 끼친다.

▷성실과 유능이라는 두 기둥을 중심으로 자기 분야에서 최고의 전문가가 되는 것이 자신의 몸값을 통해 수입을 최고로 높이는 가장 훌륭한 재테크이며, 단순한 부자를 넘어 사회적으로 존경받는 성공한 리더가 되는 길이다.

▶성실과 유능이라는 두 기둥을 중심으로 자기 분야에서 최고의 전문가가 되어야 한다. 이것이 자신의 몸값으로 수입을 최고로 높이는 가장 훌륭한

재테크다. 단순한 부자를 넘어 사회적으로 존경받는 성공한 리더가 되는 길이다.

▷이 역할에서 가장 중요한 것은 세일즈맨 자신의 회사 안에서 좋은 관계를 유지하는 능력과, 해당 영업과정뿐 아니라 그 이전과 이후에도 고객을 지원하는 데 필요한 모든 정보, 자원, 서비스를 조정할 수 있는 능력이다.

▶이 역할에서 가장 중요한 것은 세일즈맨 자신의 회사 안에서 좋은 관계를 유지하는 능력이다. 또한 해당 영업과정뿐 아니라 그 이전과 이후에도 고객을 지원하는 데 필요한 모든 정보, 자원, 서비스를 조정할 수 있는 능력이다.

▷실행은 돌아갈 수 없는 과거에 얽매인 삶의 질곡에서 빠져나오게 하는 힘이 있다. 과거 실패에 막연한 후회와 좌절, 과거 성공에 아련한 추억을 회상하며 힘없이 살아가는 마이너스(-) 에너지를 무력화하고 미래를 바라보고 생각하도록 시선의 방향을 전환하는 플러스(+) 에너지를 마음에서 이끌어 낸다.

▶실행은 돌아갈 수 없는 과거에 얽매인 삶의 질곡에서 빠져나오게 하는 힘이 있다. 과거 실패에 막연한 후회와 좌절, 과거 성공에 아련한 추억을 회상하며 힘없이 살아가는 마이너스(-) 에너지를 무력화한다. 또한 미래를 바라보고 생각하도록 시선의 방향을 전환하는 플러스(+) 에너지를 마음에서 이끌어 낸다.

이렇게 긴 문장들은 허리를 끊어 놓고 보면 쉽게 이해할 수 있다는 것을 깨달았을 것이다. 그런데 문장이 길기만 한 것이 아니라 문맥이 엉켜 있는 경우도 있다. 다음 문장이 그렇다. 한 번 읽어서는 무슨 내용인지 잘 이해되지 않는다. 단순이 짧은 문장이 능사는 아니고 간결해야 한다.

영업 전략은 단순히 영업에 관한 전략만 존재하지 않는다. 영업에 관한 전략은 기본적으로 회사가 추구하고 있는 회사의 목표와 전략과 연계해서 말할 수 있다. 이러한 기본적인 토대하에 영업에 관한 목표가 세워지고, 전략이 만들어지고, 이에 따른 구체적인 영업 활동이 이루어진다. 따라서 영업은 현장에서의 활동만이 아니라 회사의 방향과 관련한 목표로부터 시작해서 영업 현장이 동일한 한 철학과 전략에 의해서 연결된다는 것을 이해할 때, 전체를 보면서 영업을 할 수 있다.

이것을 간결하게 고쳐 써보자.

영업전략은 단순히 영업에 관한 전략만 존재하지 않는다. 영업 전략은 회사가 추구하는 목표나 전략과 연계해야 한다. 회사 목표나 전략하에 영업 목표를 세우고, 전략을 만들고, 이 에 따른 구체적인 영업 활동을 한다. 따라서 영업은 회사 목표와 영업 현장이 동일한 철학으로 연결되어야 한다. 이것을 이해할 때 전체를 보면서 영업을 할 수 있다.

몇 개의 문장을 더 살펴보자.

▷한국 경제의 눈부신 발전은 우리 자신은 물론이거니와 전 세계를 놀라게
한 쾌거라 하지 않을 수 없다.

▶한국 경제의 눈부신 발전은 우리 자신은 물론 전 세계를 놀라게 한 쾌거
다.('~이거니'와 '~라 하지 않을 수 없다.'는 군더더기다)

▷우리 학교 교육은 지식이나 기술을 주입하는 것에 치우쳐 있음을 부인할
수 없으며, 인간이 지닌 자질을 조화롭게 발달시키는 전인 교육을 제대로
실시하지 못하고 있다고 볼 수 있다.

▶우리 학교 교육은 지식이나 기술을 주입하는 것에 치우쳐 있으며, 인간이
지닌 자질을 조화롭게 발달시키는 전인 교육을 제대로 실시하지 못하고
있다.

▷아침에 늦잠을 잤다. 그래서 학교에 지각했다. 그러나 다행히 선생님께 혼
나지는 않았다.

▶아침에 늦잠을 잤다. 학교에 지각했다. 다행히 선생님께 혼나지는 않았
다.(접속사도 대표적인 군더더기다. 접속사 없이도 말이 되면 빼야 한다.)

▷이 모든 활동은 모두 관찰을 바탕으로 하고 있다. 원재료에 대한 관찰, 생
산공정에 대한 관찰, 완제품에 대한 관찰, 고객에 대한 관찰, 재무활동에
대한 관찰 등 대상과 성격은 다르지만 기본적으로 관찰을 바탕으로 한 행

위임에는 틀림없다.

▶이 모든 활동은 모두 관찰을 바탕으로 하고 있다. 원재료 관찰, 생상공정 관찰, 완제품 관찰, 고객 관찰, 재무활동 관찰 등 대상과 성격은 다르지만 기본적으로 관찰을 바탕으로 한 행위임에는 틀림없다.('~대하여', '~대한', '~관하여'도 대부분 군더더기다. 빼고 써도 말이 된다.)

중복을 피하라

한 문장에 같은 단어나 구절이 들어가면 중복이다. 뜻이 같은 단어를 쓰는 것도 중복이다. 겹말은 잘 모르고 쓸 때가 많다. 다음 글을 보자. 굵게 표시한 부분이 중복이다.

기업에서 일하는 구성원들도 사람인지라 **자신이 한 일에 대해** 보상이 제대로 **이루어지지** 않으면 금세 의욕을 잃거나 의기소침해질 수 있다. 반면 **자신이 한 일에 대해** 적절한 보상이 **이루어진다고** 생각되면 더욱 성과를 내고 싶어 한다. 그러므로 기업 내부에서 관찰 활동을 **통해** 성과를 도출한다면 그 성과에 **대해** 정당한 보상을 해 주는 프로세스가 확립되어야 한다. 관찰을 **통해** 생산공정을 개선하고 그를 통해 불량품의 비율을 절감하거나 원가를 절감하여 **수익**을 창출하면 그 수익의 일정 부분을 **돌려주거나** 관찰을 **통해** 신사업 기회를 도출하고 그것을 실행하여 **매출**을 실현하면 **매출**의 일정 부분을 직원들에게 **돌려줘야** 한다.

짧은 글이지만 '~대해' 3번, '~통해' 3번, '자신이 한 일' 2번, '이루어지다' 2번, '수익' 2번, '돌려주다' 2번, '매출'을 2번 썼다. '~ 대해', '~통해'는 군더더기라 빼 버리거나 다른 말로 바꿔 써야 한다. '자신이 한 일', '수익', '돌려주다', '매출'은 뒤에 것은 빼거나 다른 말로 바꿔 써야 한다. '이루어지다'는 영어 번역 투라 다른 말로 고쳐 쓰는 게 좋다. 마지막 문장은 두 문장으로 나눴다. 정리하여 다시 쓰면 다음과 같다.

기업에서 일하는 구성원들도 사람인지라 자신이 한 일을 제대로 보상받지 못하면 금세 의욕을 잃거나 의기소침할 수 있다. 반면 적절한 보상이 있으면 더욱 성과를 내고 싶어 한다. 그러므로 기업 내부에서 관찰 활동으로 성과를 도출하면 그 성과에 정당한 보상을 해 주는 프로세스를 확립해야 한다. 관찰로 생산공정을 개선하여 불량품의 비율을 절감하거나 원가를 절감하여 수익을 창출하면 일정 부분을 돌려주어야 한다. 관찰로 신사업 기회를 도출하고 그것을 실행하여 매출을 실현하면 일정 부분을 직원들에게 보상해야 한다.

예문을 두 개만 더 보자.

세일즈맨이 가장 큰 에너지를 얻을 때는 주변 사람들에게 '인정' 받을 때다. 고객한테 "정말 감사합니다. 덕분에 제가 이런 혜택을 볼 수 있었습니다." 와 같은 말을 듣는다면 세일즈맨은 큰 보람을 느끼**게 되고**, 자신의 역할에 자부심을 갖**게 된다**. 이런 말들이 세일즈맨으로 하여금 더 열심히 **고객을 위해** 일하게 만드는 기폭제가 **된다**. 이렇게 헌신적으로 **고객을 위해** 노력하는 세일즈맨을 만나는 고객은 어떻게 반응할까? 계약 성사와 상관없이 세일즈맨에게 친근감과 감사를 표하**게 된다**. 고객한테 긍정적인 반응을 얻은 세일즈맨은 더 큰 보람을 느끼는 활동의 선순환을 경험**하게 된다**.

'~게 된다', '된다'가 무려 5번이고, '고객을 위해'는 2번 있다. 이 글을 다시 써 보자.

세일즈맨이 가장 큰 에너지를 얻을 때는 주변 사람들에게 '인정' 받을 때다. 고객한테 "정말 감사합니다. 덕분에 제가 이런 혜택을 볼 수 있었습니다." 와 같은 말을 듣는다면 세일즈맨은 큰 보람을 느끼고, 자신의 역할에 자부심을 얻는다. 이런 말들이 세일즈맨으로 하여금 더 열심히 고객을 위해 일하게 만드는 기폭제가 된다. 헌신적으로 노력하는 세일즈맨을 만나는 고객은 어떻게 반응할까? 계약 성사와 상관없이 세일즈맨에게 친근감과 감사를 표할 것이다. 고객한테 긍정적인 반응을 얻은 세일즈맨은 더 큰 보람을 느끼는 활동의 선순환을 경험한다.

▷세일즈맨에게 필요한 것은 이런 긍정적인 피드백을 해 줄 고객이나 지인의 수를 늘리는 것이다. 이렇게 자신의 활동을 지지하는 사람이 늘수록 좌절 경험이 줄어들게 되고, 슬럼프에서 빨리 빠져나올 수 있게 된다.

▶세일즈맨에게 필요한 것은 이런 긍정적인 피드백을 해 줄 고객이나 지인의 수를 늘리는 것이다. 이렇게 자신의 활동을 지지하는 사람이 늘수록 좌절 경험이 줄어 슬럼프에서 빨리 빠져나올 수 있다.

1_ 단어 중복을 피하라

▷우리 학교는 이 지역에서 역사와 전통이 가장 오래된 학교이며, 훌륭한 인재를 많이 배출한 학교다.

▶우리 학교는 이 지역에서 역사와 전통이 가장 오래됐으며, 훌륭한 인재를 많이 배출했다.

▷이 업체는 매출액 기준으로 유럽 최대 기업이며, 상업용 인공위성 발사체 업체와 민간용 헬리콥터 업체로는 세계 1위 업체다.

▶이 회사는 매출액 기준으로 유럽 최대 기업이며, 상업용 인공위성 발사체와 민간용 헬리콥터 업체로는 세계 1위 업체다.

▷아직은 고객이 많지 않지만, 문의가 많아지고 찾아오는 손님도 많아지고 있어 전망이 밝다.

▶아직은 고객이 많지 않지만, 문의가 늘어나고 찾아오는 손님도 증가하고 있어 전망이 밝다.

▷아파트 입주하기 일주일 전쯤 보일러를 30도 정도로 가동시켜 실내의 유독가스를 배출시키고 집안을 환기시켜야 한다.

▶아파트 입주하기 일주일 전쯤 보일러를 30도 정도로 가동해 실내의 유독
가스를 배출하고 집안을 환기해야 한다.

2_ 구절 중복을 피하라

▷방학을 맞이해 학생 신분에 벗어나는 행동을 하지 않도록 하기 위해서는
성인만화방 · 비디오방 · 오락실 등에 출입하지 않도록 해야 한다.

▶방학을 맞이해 학생 신분에 벗어나는 행동을 하지 않도록 하기 위해서는
성인만화방 · 비디오방 · 오락실 등에 출입하지 말아야 한다.

▶방학 때 학생 신분에 벗어나는 행동을 하지 않으려면 성인만화방 · 비디오
방 · 오락실 같은 곳에 들어가지 말아야 한다.

▷폭탄 테러를 막기 위해 건물 입구에 차량 진입을 막기 위한 바리케이드를
이중 삼중으로 설치했다.

▶폭탄 테러를 막기 위해 건물 입구에 차량 진입 방지용 바리케이드를 이중
삼중으로 설치했다.

▶폭탄 테러를 막기 위해 차량이 들어오지 못하도록 건물 입구에 바리케이
드를 이중 삼중으로 설치했다.

▷대부분의 청소년은 연예인이 되는 것이 쉽다고 생각하지만, 연예인이 되
는 것이 하루아침에 되는 일은 아니다.

▶대부분의 청소년은 연예인이 되는 것이 쉽다고 생각하지만, 하루아침에
되는 일은 아니다.

▶청소년 대부분은 연예인 되기가 쉽다고 생각하지만, 하루아침에 되는 일은 아니다.

3_ 의미 중복을 피하라

똑같은 단어나 구절의 중복처럼 눈에 바로 띄지는 않지만 같은 내용을 되풀이해 문장이 늘어짐으로써 읽는 속도를 떨어뜨리고 지루한 느낌을 준다.

▷시험에 대한 중압감으로 너무 많은 신경을 써 지나치게 고민하면 건강을 해칠 수 있다.

▶시험에 대한 중압감으로 지나치게 고민하면 건강을 해칠 수 있다.

▷탄핵 심판이 유권자들의 투표를 결정하는 중요한 요인이 될 수밖에 없는 것은 어쩔 수 없는 불가피한 일이다.

▶탄핵 심판이 유권자들의 투표를 결정하는 중요한 요인이 될 수밖에 없는 것은 어쩔 수 없는 일이다.

▷예상치 못한 갑작스러운 출장으로 옷가지를 챙겨 오지 못했다.

▶갑작스러운 출장으로 옷가지를 챙겨 오지 못했다.

▷우리는 전쟁에서 이기기 위해 죽기를 각오하고 결사적으로 싸웠다.

▶우리는 전쟁에서 이기기 위해 죽기를 각오하고 싸웠다.

▷지난해 물가 상승률을 감안한 실질국내총생산 증가율은 겨우 3.1%에 불과했다.

▶지난해 물가 상승률을 감안한 실질국내총생산 증가율은 겨우 3.1%였다.

4_ 겹말을 피하라

① 복합어처럼 쓰는 겹말

- 과반수 이상 → 과반수

- 수십여 명 → 수십 명

- 약 35만 명 선 → 약 35만 명, 35만 명 선

- 역전(驛前)앞 → 역전

- 상가(喪家)집(상갓집) → 상가

- 처가(妻家)집(처갓집) → 처가

- 가로수(街路樹)나무 → 가로수

- 고목(古木)나무 → 고목

- 가죽혁대(革帶) → 혁대

- 8월달 → 8월

- 8일날 → 8일

- 2시 이후부터 → 2시부터, 2시쯤부터

- 옥상 위 → 옥상

- 우방(友邦)국 → 우방

- 그때 당시 → 그때, 당시

- 내면(內面) 속 → 내면

- 농사(農事)일 → 농사

- 뇌리(腦裏) 속 → 뇌리, 머릿속

- 뇌성(雷聲)소리 → 뇌성, 우렛소리

- 동해(東海)바다 → 동해

- 포승(捕繩)줄 → 포승

- 전선(電線)줄 → 전선

- 전기누전(漏電) → 누전

- 해안가 → 해안, 바닷가

- 연구진들 → 연구진

- 취재진들 → 취재진

- 현안문제 → 현안

- 호피(虎皮)가죽 → 호피

- 홍시(紅柿)감 → 홍시

- 지난해 연말 → 지난 연말, 지난해 말

- 이 기간 동안에 → 이 기간에

- 과정 속에서 → 과정에서

- 근래 들어 → 근래에

- 모래사장(沙場) → 사장

- 속내막(內幕) → 내막, 속사정

- 속내의(內衣) → 내의, 속옷

- 신년(新年)새해 → 신년

- 악취(惡臭)냄새 → 악취

- 약수(藥水)물 → 약수

② **주어가 겹말인 경우**

- 낙엽이 떨어지는 → 낙엽이 지는, 잎이 지는

- 생명이 위독하다 → 위독하다

- 전기가 누전되다 → 누전되다

③ **목적어가 겹말인 경우**

- 관상을 보다 → 상을 보다

- 책을 읽는 독자 → 독자, 책을 읽는 사람

- 돈을 송금하다 → 송금하다, 돈을 보내다, 돈을 부치다

- 머리를 삭발하다 → 삭발하다

- 작품을 출품하다 → 출품하다, 작품을 내다

④ **서술어가 겹말인 경우**

- 방치해 두다 → 방치하다

- 비축해 두다 → 비축하다

- 개혁시키다 → 개혁하다

- 결론을 맺다 → 결론을 내다, 결론짓다

- 계약을 맺다 → 계약을 하다, 계약하다

- 공감을 느끼다 → 공감하다

- 관찰해 보다 → 관찰하다

- 구체화시키다 → 구체화하다

- 황폐화시키다 → 황폐화하다

- 회의(懷疑)를 품다 → 회의하다

- 이런 견지에서 본다면 → 이런 견지에서

- 관점에서 보면 → 관점에서

- 판이하게 다르다 → 판이하다

- 부상을 입다 → 부상하다

- 수여받고 있다 → 받고 있다

- 수입해 들여오다 → 수입하다

- 수확을 거두다 → 수확하다, 곡식을 거두다

⑤ 관형어가 겹말인 경우

- 매 분기마다 → 분기마다

- 각 나라별 → 나라별, 나라마다

- 각 지역마다 → 지역마다

- 남은 여분 → 여분

- 남은 여생 → 여생

- 쓰이는 용도 → 용도

- 어려운 난관 → 난관

- 날조된 조작극 → 조작극

- 늙은 노모(老母) → 노모

- 같은 동포 → 동포

- 내가 보는 견해는 → 내 견해는

- 들리는 소문에 → 소문에

- 중요한 요건 → 요건

- 가까운 측근에게 → 측근에게

- 맡은 바 임무 → 임무, 맡은 바

- 먼저 얻은 선취점 → 선취점

- 오랜 숙원 → 숙원

- 좋은 호평 → 호평

- 필요한 소요자금 → 소요자금

- 하얀 백발 → 백발

⑥ **부사어가 겹말인 경우**

- 간단히 요약하면 → 요약하면

- 거의 대부분 → 대부분

- 공사에 착공하다 → 착공하다, 공사에 착수하다

- 너무 과하다 → 과하다, 너무하다

- 둘로 양분하다 → 양분하다, 둘로 나누다

- 서로 상의하다 → 상의하다

- 스스로 자각하다 → 자각하다, 스스로 깨닫다

- 시험에 응시하다 → 응시하다, 시험을 치르다

- 집에 귀가하다 → 귀가하다

- 회사에 입사하다 → 입사하다

- 만나서 면담하다 → 면담하다

- 미리 예습하다 → 예습하다, 미리 공부하다

- 미리 예견된 → 예견된

- 구전으로 전해 오다 → 구전되다, 입으로 전해 오다

- 계속 이어지다 → 이어지다

- 다시 재론하다 → 재론하다

- 다시 부활하다 → 부활하다

부드럽게 연결하라

글쓰기 첨삭 지도를 하다보면 글이 꼬여 있어 한 번에 이해할 수 없는 글을 만날 때가 있다. 이런 글들은 대부분 '주어와 서술어', '목적어와 서술어'가 서로 호응하지 않거나 '논리적 호응'의 문제다. 단어를 적절히 사용하지 않을 때도 그런 경우가 있다.

1_ 주어와 서술어의 호응

▷내 꿈은 훌륭한 의사가 되어 가난한 사람들에게 의술을 펼치려고 한다.

▶내 꿈은 훌륭한 의사가 되어 가난한 사람들에게 의술을 펼치는 것이다.

▷이번 시험에서 성적이 나쁘게 나온 학생은 방과 후 보충수업을 시켜야 한다.

▶이번 시험에서 성적이 나쁘게 나온 학생에게는 방과 후 보충수업을 시켜

야 한다.

▷5월 5일 어린이날에 어린이들이 가장 원하는 선물은 휴대전화를 받는 것
　이다.

▶5월 5일 어린이날에 어린이들이 가장 원하는 선물은 휴대전화다.

▷동유럽 국가에서 집시는 150만 명 정도 살고 있다.

▶동유럽 국가에 살고 있는 집시는 150만 명 정도다.

▷가장 더운 곳은 대구에서 기온이 39도까지 올랐다.

▶가장 더운 곳은 대구로, 기온이 39도까지 올랐다.

▷정부 내에서는 이번 보고서에 대해 찬반 논란이 팽팽하게 맞서고 있다.

▶정부 내에서는 이번 보고서에 대해 찬반 논란이 거세게 일고 있다.

2_ 목적어와 서술어의 호응

▷월드컵에서 보여 준 국민적 에너지를 창조적 에너지로 바꾸어 국민 통합
　과 국가 경쟁력을 제고해야 한다.

▶월드컵에서 보여준 국민적 에너지를 창조적 에너지로 바꾸어 국민 통합을
　이룩하고 국가 경쟁력을 제고해야 한다.

▷건강관리를 위해 주중에는 헬스를, 주말에는 북한산에 오른다.

▶건강관리를 위해 주중에는 헬스를 하고, 주말에는 북한산에 오른다.

▷간염 보균자와는 식사도 술도 같이 마셔서는 안 된다는 편견과 오해가 쉽
　게 해소되지 않고 있다.

▶간염 보균자와는 함께 식사를 하거나 술을 마셔서는 안 된다는 편견과 오
　해가 쉽게 해소되지 않고 있다.

▷글을 잘 쓰려면 신문과 TV 뉴스를 열심히 시청해야 한다.

▶글을 잘 쓰려면 신문을 꼼꼼히 읽고 TV 뉴스를 열심히 시청해야 한다.

▷좀 늦은 감은 있으나 이번에 진입 장벽을 대폭 완화한 것은 업계 입장에선
　매운 반가운 일이다.

▶좀 늦은 감은 있으나 이번에 진입 장벽을 대폭 낮춘 것은 업계 입장에선
　매우 반가운 일이다.

3_ 논리적 호응

▷큰아이는 모범생이며, 작은아이는 미술을 좋아한다.

▶큰아이는 모범생이며, 작은아이는 우등생이다.

▶큰아이는 음악을 좋아하며, 작은아이는 미술을 좋아한다.

'~이며'는 둘 이상의 사물을 같은 자격으로 이어 주는 연결어미이므
로, 대등한 내용이 뒤따라야 한다.

▷따스한 봄이 오고, 경제적 한파로 얼어붙은 우리의 가슴은 아직도 차갑다.

▶따스한 봄이 왔으나 경제적 한파로 얼어붙은 우리의 가슴은 아직도 차갑다.

▷수출은 지난 몇 달간 적자를 보다 이달 들어 겨우 흑자를 내고 있다.

▶수출입 거래는 지난 몇 달간 적자를 보다 이달 들어 겨우 흑자를 내고 있다.

'수출'은 증가하거나 감소할 수 있지만, 수출 자체를 흑자ㆍ적자로 얘기하는 것은 맞지 않다. 아래의 문장처럼 '수출'을 '수출입 거래' 또는 '무역수지'로 바꿔야 한다.

4_ 단어의 특성에 따른 호응

▷국제사회에서 우리나라의 위상을 올려야 한다.

▶국제사회에서 우리나라의 위상을 높여야 한다.

위상(位相)은 어떤 사물이 다른 사물과의 관계 속에서 가지는 위치나 상태로, '올리다' 보다는 '높이다', '강화하다'가 잘 어울린다.

▷그녀는 아직도 앙금이 가라앉지 않았는지 여전히 뾰로통해 있다.

▶그녀는 아직도 앙금이 남았는지 여전히 뾰로통해 있다.

'앙금'은 '가라앉다' 보다 '남다', '가시다'가 호응이 잘 된다.

▷오랜만에 떠난 여행이었는데 날씨가 너무 좋아 다행이었다.

▶오랜만에 떠난 여행이었는데 날씨가 정말[무척] 좋아 다행이었다.

▷오늘 밤에는 비가 올 가능성이 높은 편이다.
▶오늘 밤에는 비가 올 가능성이 큰 편이다.

가능성(可能性)은 앞으로 실현될 수 있는 성질로, '크다', '작다', '희박하다'가 어울린다.

▷이번 장마에는 다행히 큰 피해를 입지 않았다.
▶이번 장마에는 다행히 큰 피해를 당하지 않았다.

피해가 손해를 입는다는 뜻이므로 한자어 구성상 '보다', '당하다'가 호응이 잘 된다.

▷TV가 비교육적 내용을 무분별하게 방영하는 것은 옳지 못하다.
▶TV가 비교육적 내용을 무분별하게 방영하는 것은 옳지 않다.

'옳지'에는 '못하다'보다 '않다'가 어울린다.

▷이번 조치로 적지 않은 사람이 혜택을 입게 될 전망이다.
▶이번 조치로 적지 않은 사람이 혜택을 보게 될 전망이다.

혜택은 은혜와 덕택을 아울러 이르는 말로, '입다'보다 '받다', '보다', '누리다'가 잘 어울린다.

피동형은 쓰지 마라

「중앙일보」 배상복 기자가 쓴 『문장기술』에는 피동문을 쓰면 왜 안 되는지 자세히 알려 주고 있다. 피동문이란 피동사가 서술어로 쓰인 문장을 말하는데, 능동적 주체가 될 수 없는 무생물을 주어로 한다. 우리말에서도 이런 피동형을 쓰기는 하나 그리 흔하지는 않다. 우리말의 동사 자체에 피동사가 별로 없다는 사실이 이를 뒷받침해 준다. 이야기할 때는 대부분 행위의 주체를 주어로 삼아 말하므로 문장도 능동형으로 써야 자연스럽다.

피동형 문장이 늘어난 것은 영어의 영향 때문으로 보인다. 영어에서는 동사의 유형을 바꿈으로써 능동문과 피동문을 자유자재로 구사하고, 무생물을 주어로 쓰는 데 익숙하다. 그러나 우리말에서는 피동형을 쓰면 문장이 어색해지거나 행위의 주체가 잘 드러나지 않아 뜻이 모호해지고 전체적으로 글의 힘이 떨어진다.

요즘은 피동에서 한발 더 나아가 '보여지다', '모여지다', '쓰여지다', '짜여지다', '바뀌어지다' 등 '피동사+어(아)지다' 형태의 이중피동을 남용하는 경향이 있다. 피동의 뜻을 강조하려는 의도로 볼 수 있으나 무의미하게 피동을 겹쳐 쓰는 것이므로 주의해야 한다. 몇 가지 예문을 보자.

1_ 피동문은 능동문으로

▷고득점 재수생이 선호하는 의예·한의예과 등은 재학생들의 신중한 선택이 요구된다.

▶고득점 재수생이 선호하는 의예·한의예과 등은 재학생들이 신중하게 선택해야 한다.

▷서울대가 대학국어 수강생을 대상으로 한자어 실력을 평가한 결과 60%가 낙제점을 받은 것으로 조사됐다.

▶서울대가 대학국어 수강생을 대상으로 한자어 실력을 조사한 결과 60%가 낙제점을 받은 것으로 나타났다.

▷부적격 출제위원 선정과 복수 정답 시비 등 수능시험 관리에 총체적 부실이 드러나 물의가 빚어진 바 있다.

▶부적격 출제위원 선정과 복수 정답 시비 등 수능시험 관리에 총체적 부실이 드러나 물의를 빚은 바 있다.

▷인간에 의해 초래된 생태계의 인위적 변화로 자연계에 돌연변이가 일어나고 있다.

▶인간이 초래한 생태계의 인위적 변화로 자연계에 돌연변이가 일어나고 있다.

'~에 의해 ~되다'는 영어식 관용구(be동사+과거분사+by~)를 그대로 옮긴 듯한 표현으로 사용하지 않는 게 바람직하다.

▷북한 핵 문제의 해결이 가시화되면 남북 교류도 더욱 구체화될 것이다.

▶북한 핵 문제의 해결이 가시화하면 남북 교류도 더욱 구체화할 것이다.

'화(化)하다'가 '그렇게 되거나 되게 하다'는 뜻이므로, 가능하면 '~화하다'를 '~화되다'로 쓰지 않는 게 좋다.

2_ 이중피동을 피하라

요즘 두드러진 현상 중 하나가 이중피동의 남발이다. '부르다'의 피동인 '불리다'를 예로 들면 '불리우다', '불리워지다' 등 피동형에 피동 접미사를 이중 · 삼중으로 붙이는 경우가 많다.

▷모여진 성금은 재난을 당한 사람들에게 유용하게 쓰여질 것으로 보여진다.

▶모인 성금은 재난을 당한 사람들에게 유용하게 쓰일 것으로 보인다.

'모여진', '쓰여질', '보여진다'는 '모인', '쓰일', '보인다'의 이중피동이다.

▷당국에 의해 자연이 훼손되어지는 무분별한 녹지개발 사업이 되풀이되어
　져서는 안 될 것이다.
▶당국은 자연을 훼손하는 무분별한 녹지개발 사업을 되풀이해서는 안 될
　것이다.

'훼손되어지는', '되풀이되어져서는'은 '훼손되는', '되풀이되어서는'
의 이중피동이다.

▷한국이 동북아의 주역으로서 우뚝 설 수 있는 기틀이 마련되어져야 한다.
▶한국이 동북아의 주역으로서 우뚝 설 수 있는 기틀을 마련해야 한다.

▷과거에 더 이상 연연하지 말고 미래를 지향하는 국가 운영의 마스터플랜
　이 새로 짜여져야 한다.
▶과거에 더 이상 연연하지 말고 미래를 지향하는 국가 운영의 마스터플랜
　을 새로 짜야 한다.

▷검찰은 OOO 씨가 주식 수십만 주를 따로 보관하고 있다는 첩보를 입수,
　이 주식이 로비에 쓰여졌는지도 확인 중이다.
▶검찰은 OOO 씨가 주식 수십만 주를 따로 보관하고 있다는 첩보를 입수,
　이 주식을 로비에 썼는지도 확인 중이다.

단어 위치가 중요하다

문장의 뜻을 모호하게 만드는 원인 가운데 하나가 단어 위치를 잘못 잡는 경우다. 세 가지 원칙을 주의하면 된다.

1. 수식어는 수식되는 말 가까이에 하기

2. 주어와 서술어는 너무 멀지 않게 하기

3. 의미 파악이 쉽도록 위치 선정하기

1_ 수식어는 수식되는 말 가까이에 하기

수식어가 수식하는 말과 떨어져 있으면 독자들이 문장의 의미를 다르게 이해할 수 있다.

▷진정한 효의 의미를 아는 젊은이라면 이 같은 부모의 마음을 깊이 헤아릴
  줄 알아야 한다.
▶효의 진정한 의미를 아는 젊은이라면 부모의 이 같은 마음을 깊이 헤아릴
  줄 알아야 한다.

'진정한'이 '의미'를 수식하는 것이 아니라 '효'를 수식하는 것으로 오
해할 수 있다.

▷경제 전망이 불투명한 상황에서 기업들이 쉽사리 번 돈을 투자하기는 어
  렵다.
▶경제 전망이 불투명한 상황에서 기업들이 번 돈을 쉽사리 투자하기는 어
  렵다.

'쉽사리'가 '번 돈'을 수식하는 것으로 오해할 수 있다.

▷이러한 정부의 주장과 달리 의약 분업으로 엄청난 건강보험 재정 추가 부
  담이 생겼다.
▶정부의 이러한 주장과 달리 의약 분업으로 건강보험 재정에 엄청난 추가
  부담이 생겼다.

▷제가 말씀드린 문제에 솔직하고 냉정한 선생님의 답변을 부탁합니다.
▶제가 말씀드린 문제에 선생님의 솔직하고 냉정한 답변을 부탁합니다.

▷정부는 개인정보를 보호한다는 관점에서 고액 납세자의 이름과 주소를 공개하는 제도를 폐지하는 방안을 긍정적으로 검토하기로 했다.

▶정부는 고액 납세자의 이름과 주소를 공개하는 제도를 개인정보를 보호한다는 관점에서 폐지하는 방안을 긍정적으로 검토하기로 했다.

'개인정보를 보호한다는 관점에서'가 '고액 납세자의 이름과 주소를 공개하는 제도'를 수식하는 것처럼 보여 어색하므로 '폐지하는'의 앞으로 가야 한다.

2_ 주어와 서술어는 너무 멀지 않게 하기

▷수험생들이 변화가 많은 입시 환경과 다양한 입시 전형 속에서 자신이 원하는 정보를 얻을 수 있는 채널이 제한돼 있어 어려움을 겪고 있다.

▶변화가 많은 입시 환경과 다양한 입시 전형 속에서 수험생들이 자신이 원하는 정보를 얻을 수 있는 채널이 제한돼 있어 어려움을 겪고 있다.

주어 '수험생들이'와 서술어 '겪고 있다'가 멀리 떨어져 있어 독자들이 한 번 읽고 또다시 읽어야 뜻을 제대로 이해할 수 있다.

▷기자들이 18일 오전 영장실질심사를 받기 위해 서울지법에 출두하는 정치인을 취재하고 있다.

▶18일 오전 영장실질심사를 받기 위해 서울지법에 출두하는 정치인을 기자들이 취재하고 있다.

▷국내외 증권사들이 주요 기업들이 하반기에도 눈에 띄는 실적 개선이 없

을 것으로 전망하는 등 비관론이 확산되고 있다.

▶주요 기업들이 하반기에도 눈에 띄는 실적 개선이 없을 것으로 국내외 증

권사들이 전망하는 등 비관론이 확산되고 있다.

3_ 의미 파악이 쉽도록 위치 선정하기

단어나 구절의 위치가 잘못되면 문장이 복잡하게 얽혀 혼란스럽고, 무슨 말인지 이해하기 어려워진다. 적절한 곳에 단어나 구절을 배치해야 읽는 사람이 한눈에 문장의 뜻을 파악할 수 있다.

▷OO정유사는 10일 11일 자정을 기해 휘발유를 l 당 30원 인상한다고 발

표했다.

▶OO정유사는 11일 자정을 기해 휘발유를 l 당 30원 인상한다고 10일 발

표했다.

▷붕괴된 건물 더미에 깔려 있던 어린이가 12일 오전 10시간 만에 무사히

구출됐다.

▶붕괴된 건물 더미에 깔려 있던 어린이가 10시간 만인 12일 오전 무사히

구출됐다.

▷아동 학대가 심각한 사회문제로 대두하고 있는 가운데 아동 학대 임시보

호소가 전국에서 운영되고 있다.

▶아동 학대가 심각한 사회문제로 대두하고 있는 가운데 학대 아동 임시보

호소가 전국에서 운영되고 있다.

▷경찰청은 문제의 경찰과 함께 경찰서장을 직원에 대한 감독 책임을 물어

직위 해제했다.

▶경찰청은 문제의 경찰과 함께 직원에 대한 감독 책임을 물어 경찰서장을

직위 해제했다.

번역 투를 남발하지 마라

1_ 영어 직역 투

① '이루어지다'형 문장

▷ 자율 학습이 이루어지도록 편찬하였다.

▶ 자율적으로 학습하도록 편찬하였다.

▷ 실제 활동이 이루어질 수 있는 형태로 제시하고….

▶ 실제로 활동할 수 있는 형태로 제시하고….

▷ 묻고 대답하는 과정이 어떻게 이루어지는지 생각해 보자.

▶ 어떤 과정으로 묻고 대답하는지 생각해 보자.

▷상상으로 이루어지는 세계는 가공의 세계이다.

▶상상하는 세계는 가공 세계다.

▷그러한 독서가 이루어지기 위해서는 자신이 글을 읽는 주체라는 자세로 글의 의미를 물어야 하며….

▶책을 그렇게 읽으려면 자신이 글을 읽는 주체라는 자세로 글의 의미를 물어야 하며….

② '**주어지다**'형 문장

'받다'는 타동사지만 역시 타동사인 '주다'와 맞세워 놓으면 피동을 뜻하게 되므로 어떤 경우에도 주는 것은 '준다', 받는 것은 '받는다'고 해야 한다. 그런데 언제부터인지 영어 give의 수동태 be given을 직역한 '주어진'이 만연해서, 준다는 것인지 받는다는 것인지 분별할 수 없게 표현하는 예를 도처에서 볼 수 있다.

▷정부에서 **주어지는** 훈장 전수식을 거행하겠습니다.

▶주는

▷수상자에게는 **상장과 부상이 주어집니다.**

▶상장과 부상을 줍니다.

▷**자격증이 주어진** 사람에게는

▶자격증을 받은

▷각종 특혜기 주어집니다.

▶각종 특혜를 줍니다.

▷XX선수에게 퇴장이 주어지는군요.

▶XX선수를 퇴장시키는군요.

▷문제에 주어진 순서에 따라 생각한다.

▶문제의 순서에 따라 생각한다.

▷문제를 너무 광범위하게 생각하면 **주어진 시간** 안에 해결하기가 어렵게

　되다.

▶1.정한 시간, 2.허락한 시간

▷오늘 **우리에게 주어진 임무는** 오직 자기 건설이 있을 뿐이요….

▶우리의 임무는

▷영국도 1832년에 선거법을 개정하기까지는 관권이 개입해 후보자들에게

　자유롭고 **공정한 기회가 주어지지 않았다.**

▶기회를 주지 않았다.

③ '가지다'형 문장

▷북한은 7일 오후 적십자 전통문을 통해 대북(對北) 지원 식량에 대한 우리 측의 분배 투명성 요구와 추가 지원 문제 등을 **논의하기 위한 접촉을 갖자** 고 제의했다.

▶논의하기 위해 만나자고

▷김영삼 대통령은 밴쿠버에서 우리 교포 **500명과 리셉션을 가졌습니다.**

▶500명을 접견했습니다.

▷따지고 보면 정치에 대한 젊은 유권자들의 무관심과 **냉소주의는 그럴 만** 한 이유를 갖고 있다.

▶냉소주의에는 그럴 만한 이유가 있다.

▷한나라당의 환경 · 노동 분과 위원들은 8일에 **모임을 갖고** 이번 달 임시 국회에서 다룰 노동 관계법 개정에 대한 방안을 논의했다.

▶모여서

④ '요구되다'형 문장

한자어 어근 '요구'에 '한다'를 붙이면 '요구한다'는 파생 타동사가 된다. '요구시킨다'거나 '요구된다'로 바꿔 쓸 필요가 없고, 이유도 없다.

▷지금 **요구되고 있는 것이** 공명 선거 의지입니다.

▶필요한 것이

▷우리가 겪고 있는 위기의 핵심은 국가와 정부에 대한 불신이다. 특히 **지도자의 가장 요구되는** 덕목은 정직이다.

▶지도자에게 가장 긴요한

▷위성 교육 방송은 처음부터 과외를 줄여 보자는 취지에서 시작했으므로 **사교육비 절감이 절실히 요구되는** 현시점에서는 더욱 내실화해야 한다.

▶사교육비를 대폭 줄여야 하는

⑤ '필요로 한다'형 문장

한자어 어근 '필요'에 '하다'를 붙이면 어떤 경우에도 만족하게 쓸 수 있는 형용사 '필요하다'가 되는데, 'A sick person needs care.(환자에게 간호가 필요하다.)'를 엉터리로 번역한 '환자는 간호를 필요로 한다.'와 같은 기형문이 제철 만난 괴질처럼 퍼져서 '요구된다'형 기형문과 더불어 국어에 치명타를 가하고 있다.

▷지금 우리 **사회가 필요로 하는** 건 뭐니 뭐니 해도 열심히 일하는 사람이야.

▶사회에 필요한

▷국어의 음절은 반드시 모음을 필요로 한다.

▶국어의 음절에는 반드시 모음이 있다.

▷지금 **북한이 가장 필요로 하는** 것은 식량이고,

▶북한에 가장 필요한

▷문화 산업은 문화의 하부 구조를 굳건히 다질 것을 요구한다. 나아가 상상
력이 풍부한 **창조력을 필요로 한다.**

▶창조력을 요구한다.

▷자동차를 위한 도로 건설 비용 또한 사회적 비용의 일부에 속하지만 **이는
또 다른 발상 전환을 필요로 한다.**

▶여기에는 또 다른 발상 전환이 필요하다.

▷법률상의 불이익을 **피하기 위하여 필요로 하는** 요건

▶피하는 데 필요한 조건

⑥ '~에 의하여'형 문장

▷대기 오염 물질은 바람을 타고 이동 · 확산하는데, 대기 중에서 지상 1킬로미
터 정도까지는 난류가 불고, 대기오염 물질은 이 **난류에 의해서 확산된다.**

▶난류를 타고 확산한다.

▷작품의 의미는 **독자에 의해서 구체화된다**는 점을 알고 감상하는가?

▶독자가 구체화한다

▷학문은 천품(天稟)을 완성하고 **경험에 의하여** 그 자체가 완성된다.

▶경험으로 그 자체를 완성한다

▷이 작품은 1949년에 쓴 것으로, 그 해 5월 극단 **신협(新協)에 의하여** 공연

  되었다.

▶신협이 공연하였다

▷이제, **정보 테크놀로지에 의해** 인간은 다시 넓은 들판으로 떠돌아다니는

  방랑자가 되었다.

▶정보 기술 때문에

▷**그것이 언어에 의해서 표출되어** 명확해졌다는 점 등을 생각해 본다.

▶그것이 언어로 표출해서

▷살상용 공기총을 제조한 6개파 **17명이 검찰에 의해서 적발됐습니다.**

▶17명을 검찰이 적발했습니다.

▷경찰은 총총빛나리 양 유괴 사건을 **전주현 씨에 의해 저질러진** 단독 범행

  으로 잠정 결론지었습니다.

▶전주현 씨가 저지른

⑦ '**~으로부터, ~로부터, ~부터**'형 문장

▷그 명공 가운데는 멀리 **당나라로부터 불러내 온** 젊은 석수 한 명이 있었다.

▶당나라에서 불러온

▷**하나의 대상으로부터** 그 의미를 발견할 수 있다고도 말할 수 있다.

▶한 가지 대상에서

▷역사적 사실도 무수한 ㉠**사실로부터** 취사선택해서 ㉡**재구성된** 사실이

　며….

▶㉠ 사실에서, ㉡ 재구성한

▷그 사람이 **너로부터** 무엇을 원하더냐?

▶너에게

▷ '보호' 는 **위험으로부터** 약한 자를 지킨다는 뜻이다.

▶빼어 버린다.

2_ 일어 직역 투

① '의' 단독형

▷임금님은 자기 비밀이 퍼지면 조롱거리가 되기 때문에 **이야기의 누설을**

　끝까지 막으려 한다.

▶이야기를 누설하는 것을

▷㉠ **조선의** 독립국임과 ㉡ **조선인의** 자주민임을 선언하노라.

▶㉠ 조선이, ㉡ 조선인이

▷김 대통령의 집권당 탈당에 대해서는 **정당 정치의 실종이라는** 부정적인 비판이 높다.

▶1. 정당 정치 실종이라는, 2. 정당 정치가 실종했다는

▷이 책의 사용법

▶1. 이 책 사용법, 2. 이 책을 사용하는 법

▷또 다른 방법은 **내용의 전개에** 따라 의문을 제기하고….

▶내용 전개에

▷단원의 마무리 도움말

▶단원 마무리를 돕는 말

▷그러나 왜 지금 **그 정자의 생각이 났는가?**

▶그 정자가 생각났을까?

▷정부는 **국방비의 감축도** 검토하고 있다.

▶1. 국방비 감축도, 2. 국방비를 감축하는 문제도

▷정치판이 이 꼴이 되고, 경제가 파국으로 치닫게 된 책임이 언론에도 **있다는 질타의** 소리가 높다.

▶있다고 질타하는

② '**나름대로의**'

▷전엔 주정꾼이 주정꾼으로밖엔 보이지 않았던 것이 **주정꾼에게도 나름대로의** 애환(哀歡)이 있다는 것을 알았고….

▶주정꾼에게도 저 나름의

▷우리말은 우리말 **나름대로의** 특징과 체계를 가지고 있다.

▶1. 나름대로, 2. 나름의

③ '**~마다의**'

▷사람은 ㉠ **저마다의** 처지와 목표가 다르므로 각기 ㉡ **다른 삶을 살아가게 마련이다.**

▶㉠ 저마다, ㉡ 다르게 살기 마련이다.

④ '**~부터의**'

▷슬프다! **오래전부터의** 억울을 떨쳐 펴려면 가장 급한 것이 민족의 독립을 확실하게 하는 것이니.

▶1. 오래된, 2. 오래 묵은, 3. 오래 쌓인

⑤ 일본말 '~に於いて'를 흉내 낸 기형문

▷이러한 때의 초록은 **그의 아름다움에 있어** 어떤 색체에도 뒤서지 않을 것
이다.

▶그 아름다움이

▷이러한 변화는 말소리뿐 아니라, **문법에 있어서도** 마찬가지다.

▶1. 문법도, 2. 문법에서도

▷차기 정권은 **국방·안보 분야에 있어서** 대폭적인 변화를 구상하고 있는
것으로 보인다.

▶국방·안보 분야에서

▷거품이 걷히고 난 뒤 **우리가 살아가는 데 있어서** 기본이 되는 것은 우리가
하나씩 양보하지 않으면 안 된다.

▶살아가는 데

기타 잘못 쓰는 것들

글쓰기 첨삭 지도를 하다가 자주 잘못 쓰는 것들을 모았다.

1_ ~의 경우, ~에 관하여, ~에 대한, ~에 대하여

'~의 경우'는 '~은/는'이라고 하면 될 때 쓰는 군더더기적 표현이며, '~에 대한', '~에 관하여'는 흔히 필요가 없어서 생략하거나 알맞게 바꿔서 써야 하는 표현이다.

▷ **글쓰기의 경우는** 부단히 노력해야 실력이 는다.

▶ 글쓰기는

▷ **주식회사의 경우에는** 주식으로 자본금을 조달한다.

▶주식회사는

▷다음의 **단어에 대하여** 공부하자.

▶다음 단어를

▷글을 쓰기 위해서는 **자기가 쓰고자 하는 대상에 대하여** 정확히 알아야 한다.

▶쓸 대상을

▷**언어에 대한** 관찰은 다양한 관점에서 이루어질 수 있다.

▶언어는 다양한 관점에서 관찰할 수 있다.

▷언어의 **기능에 관하여** 생각해 보기로 하자.

▶언어의 기능을 생각해 보자.

2_ ~라고/~라는

▷ '흰빛은 평화를 상징한다.' 라고 말할 때의 의미와는 다르게 사용된 것이다.

▶ '흰빛은 평화를 상징한다.' 고 말할 때와는 다른 뜻으로 쓴 것이다.

▷또 다른 예로는 '어엿브다' **라는** 단어가 있다.

▶는

▷ '내가 책을 샀다.' **라는 문장을** 바꾸어

▶는 문장을

▷아무리 단순한 문제라도 시간을 너무 오래 끌면 해결하기가 더욱 **어려워진다라는** '머피'의 법칙이 있다.

▶어려워진다는

3_ ~았던/~었던

▷황 진사가 **했던** 일 중에서 독특한 성격이 나타나는 점을 찾아보자.

▶한

▷전(傳), 기(記), 록(錄) 등은 소설이 **없었던** 시대의 중요한 이야기 양식이며

▶없던

▷이를 분명하게 이해하기 위해서는 무대극을 **보았던** 경험을 되살려 둘을 서로 비교한다.

▶본

▷그리고 강렬한 인상을 **받았던** 몸짓이나 표정도 생각해 본다.

▶받은

▷자신에게 어제 **일어났던** 일을 내용으로 삼아 노래하기의 특성을 갖춘 말을 해 보자.

▶일어난

▷반평생을 같이 지내온 **짐승이었다.**

▶짐승이다

4_ ~있었/~었었

▷관음봉은 이제 날개가 꺾이고 주저앉은 **새였다.**

▶새다

▷과거에는 ㉠ **있었던** 음운이 사라지기도 하였고, ㉡ **없었던** 음운이 생겨나

　기도 하였다.

▶㉠ 있던, ㉡ 없던

▷힘 좋은 젊은이들은 벌써 읍내에 가고 **없었다.** 황소 한 마리 끌고 돌아오

　는 꿈을 꾸며 읍내 씨름판에 몰려간 것이다.

▶없다.

▷지난 정월 대보름날에는 당산에 달집을 ㉠ **지었었다.** … 저마다 한 가지씩

　소망을 ㉡ **품었을** 사람들이 달집 둘레에 모여들어서 불을 ㉢ **질렀었다.**

▶㉠ 지었다, ㉡ 품은, ㉢ 질렀다

▷우리가 지난 식목일에 심은 나무는 **무궁화였다.**

▶무궁화다

5_ ~적(的)

▷감화적 기능, 친교적 기능, 표출적 기능

▶감화 기능, 친교 기능, 표출 기능

▷**민간적 행사** 부분의 각 문단의 내용

▶민간 행사

▷여기서 말하는 환경이란 **직접적, 간접적으로 작용하는 상황적** 요인이다.

▶직간접으로 작용하는 상황 요인이다

▷**내용이 압축적으로 드러나는** 제목을 붙인다.

▶압축한 내용을 드러내는

▷구천의 **성격적** 특성은 무언인가?

▶성격의

▷목요일인 내일은 **전국적으로** 비나 눈이 내리겠습니다.

▶전국에

6_ ~하는지의 여부

▷사실에 **부합하는지 여부는** 듣는 사람의 지식에 따라 판정이 난다.

▶1. 부합 여부는, 2. 부합하는지 안 하는지는, 3. 부합하는지는

▷이번 방학에 여행을 **갈지 안 갈지 여부는** 내일쯤 결정할 것이다.

▶갈지 안 갈지는

7_및

'및'은 순수 국어도 아니고 한자어도 아닌 기형어로, 언어생활의 이상 가운데 하나인 언문일치를 가로막는 악재다. 이것을 글에 쓰는 사람도 입으로 말할 때는 쓰는 일이 없다.

▷교육 및 훈련

▶교육과 훈련

▷회장 이취임식 및 송년회

▶회장 이취임식과 송년회

8_내지

'내지'는 수량의 범위를 나타낼 때 '얼마에서 얼마까지'의 뜻으로, '만원 내지 삼만 원', '3년 내지 5년'처럼 쓰는 말이므로, 다음 예들에서 대등하게 병렬하는 개념어 사이에 마구 쓰면 국어의 논리성과 세련미를 해친다.

▷이번 휴일에는 **수학 내지는 영어**를 공부할 계획이다.

▶수학과 영어

▷**서울과 부산 내지는 대구** 같은 대도시는 교통 문제가 심각하다.

▶서울과 부산, 대구

9_ 입장

우리말의 '처지'에 해당하는 일본말이라는 것을 아는 지식인들마저도 본래의 뜻에 맞지 않게 이 단어를 사용한다. 안타깝기 그지없다.

▷청중의 반응을 고려하고 **청중의 입장을 존중하는 방식으로 진행되는** 연설은 대화의 정신을 살린 것이라고 볼 수 있다.

▶청중을 존중하는

▷**필자의 입장을 위해** 과장하고 있지는 않은지 생각해 본다.

▶필자가 자신을 내세우기 위해

▷김영삼 대통령은, 새 내각은 불편부당한 **입장으로** 대선에 임할 것이라고 시사했습니다.

▶자세로

▷이회창 신한국당 대표의 두 아들 병역 **문제에 대해 신중한 입장을 보이던**

각 단체들이 조심스럽게 입을 열었다.

▶문제를 신중하게 생각하던

▷4자 회담 北의 **입장** 변화 기대

▶태도

▷강경식 부총리 겸 재정 경제원 장관은 5일 기아 사태에 관한 정부 **입장을**

발표한다.

▶방침을

▷민주당은 조순 서울시장의 대통령 후보 출마 의사 발표를 **환영한다는 입**

장을 밝혔습니다.

▶환영하였습니다.

10_ ~이다

앞에 받침이 있으면 '~이다'로 끝나고 받침이 없으면 '~다'로 끝난다.
그런데 구별하지 않고 모두 '-이다'로 쓰는 실수를 많이 한다.

▷우리는 모두 미래를 볼 수 있는 **초능력자이다.**

▶초능력자다

▷상록고등학교는 학생들의 적성과 특기를 고려하여 수업을 진행하는 **학교**

이다.

▶학교다

▷감각적으로 표현하는 것이 그 **보기이다**.

▶보기다

책 마무리하기

제목의 힘

당신이 서점에 있다고 가정해보자. 무슨 책을 살 것인지 계획 없이 그냥 서점에 들렀다. 좋은 책이 있으면 한두 권 살 요량이다. 책들을 구경하기 시작한다. 평소 관심 있던 분야의 책들이 있는 곳으로 가서 책을 훑기 시작한다.

당신 눈에 들어오는 책은 어떤 책들인가? 낯익은 책들이 제일 먼저 들어올 것이다. 어디서 이름을 들어 봤거나 신문광고로 본 책이 가장 먼저 눈에 띤다. 그다음으로는 제목을 보며 '어! 이 책!' 하고 집어 든다. 제목이 중요한 이유가 여기에 있다.

제목은 첫인상이다. 첫인상의 중요함은 새삼 이야기할 필요가 없다. 첫인상으로 호불호를 결정하는 것은 순식간이다. 독자가 당신 책을 집어 드느냐 마느냐는 제목이 좌우한다. 물론 당신이 모두 다 아는 유명 작가라면 이야기는 다르다. 그 무엇보다 당신 이름을 보고 책을 집어 들 것이다.

　제목을 지을 때는 창의성을 발휘해야 한다. 쓸 주제를 정하고 주제에 맞는 제목을 생각나는 대로 적어 봐야 한다. 제목이 어느 날 갑자기 머릿속에 스쳐 갈지도 모른다. 머릿속에 스쳐 가는 것들이 좋은 제목인지, 아닌지는 누구도 확신할 수 없다. 그래서 적어 놔야 한다.

　나는 주제를 정하고 책을 준비하는 시작 단계부터 제목을 고민한다. 생각날 때마다 적어 놓는다. 물론 책을 출간하는 과정에서 출판사와 상의해야 한다. 아무래도 출판사 관계자는 초보 작가보다 감각이 좋기 때문이다. 그렇더라도 작가로서 제목을 생각해야 한다. 베스트셀러 목록을 보며 제목을 모방하는 방법도 있을 것이다. 티 나게 모방하면 안 되겠지만 적어도 작명법은 익힐 수 있을 것이다.

　나도 제법 잘나가고 있는 첫 책 『영업, 질문으로 승부하라』를 쓸 때 제목을 10여 개 준비했다. 다음은 생각날 때마다 그럴듯한 것들을 적어 놓은 것들이다.

1. 영업할 때 말을 많이 하지 마라

2. 방문 판매, 이렇게 하라

3. 방문판매, 질문으로 승부하라

4. 영업, 질문으로 승부하라

5. 질문으로 영업하라

6. 팔기 전에 질문하라

7. 고객이 안달하는 세일즈 기술

8. 고객이 사고 싶게 하는 영업기술

9. 쉽게 성공하는 영업전략

10. 질문하고 경청하는 영업 기술

출판사에 원고를 보낼 때 이 중 몇 개를 골라 함께 보냈고, 결국 '영업, 질문으로 승부하라'가 채택됐다. 책을 출간하고 나서 제목이 좋다는 말을 꽤 들었다. 정확한 통계는 없지만 제목 덕을 보았으리라.

온라인으로 책을 산다면 어떻게 할까? 이미 아는 책이라면 제목으로 검색하겠지만, 딱히 아는 책이 없다면 관심 분야에 어떤 책이 있는지 주제어로 검색할 것이다. 이때는 책 제목에 주제어가 있느냐 없느냐가 매우 중요하다.

예를 들어 부동산 관련 책을 검색한다고 가정해 보자. 주제어는 '부동산'이다. 먼저 '부동산'으로 검색하고, 그다음에는 '땅', '토지', '경매' 같은 단어로 검색할 것이다. 그런데 부동산 관련 책을 '손쉽게 부자 되는 법'으로 검색하면 찾기가 어렵다.

물론 책 내용을 판단할 수 없는 제목이 있기는 하다. 『스눕』, 『러쉬』, 『스웨이』, 『우피경제학』, 『블링크』, 『아웃라이어』 같은 책이다. 이런 책은 부제를 달고 있다. 스눕(상대를 꿰뚫어보는 힘), 러쉬(우리는 왜 도전과 경쟁을 즐기는가), 스웨이(사람의 마음을 흔드는 선택의 비밀), 우피경제학(관계·명성·평판의 힘), 블링크(첫 2초의 힘), 아웃라이어(성공의 기회를 발견한 사람들)는 부제들로 책 검색에 대응하고 있다. '성공 기회'를 검색하면

『아웃라이어』가 검색되는 식이다. 초보 작가일수록 제목에 주제어가 들어가는 게 좋다.

그렇다면 책 제목을 잘 짓는 방법에는 어떤 것이 있을까? 다음과 같다.

1. 생각나는 제목을 그때그때 적는다.
2. 서점 베스트셀러 진열대에서 책 제목들을 살피며 마음에 드는 것을 적는다.
3. 여러 가지 제목 중에서 가장 마음에 드는 것 서너 가지를 고른다.
4. 출판사에 원고를 보낼 때 고른 제목을 함께 보내 출판사와 상의한다.

아래에 당신이 쓸 책 제목을 한번 적어보자.

- 책 제목 -

저자 소개 쓰기

독자들은 제목 다음으로 저자를 살필 가능성이 크다. 저자 소개는 책을 쓸 만한 사람이라고 주장하는 글이다. 그전에는 출신지, 졸업한 학교, 과거에 한 일, 현재 하는 일 따위를 이력서 쓰듯이 했지만 지금은 그렇지 않다. 이런 식이다.

작가 정신의 승리라 불릴 만큼 자신의 일생을 문학에 온전히 바쳐 온 조정래 작가는 한국문학뿐 아니라 세계문학에서도 유례를 찾아보기 힘든 뛰어난 작품 활동을 펼쳐 왔다. 조정래 작가 정신의 결집체라 할 수 있는 대하소설 『태백산맥』, 『아리랑』, 『한강』은 '20세기 한국현대사 3부작' 으로 1천 3백만 부 돌파라는 한국출판 사상 초유의 기록을 수립했다.

『정글만리』, 조정래, 해냄

다음은 『꿈꾸는 다락방』을 쓴 이지성 씨의 소개 글이다.

생생하게(vivid) 꿈꾸면(dream) 이루어진다(realization)는 R=VD 공식의 실천
자이자 전도사인 저자는 수년간에 걸친 방대한 자료 조사와 저자 자신의 경험
을 통해 R=VD 공식의 진가를 확인하고 이를 세상에 널리 알리고자 이 책을
집필했다.

저자 역시 R=VD 공식을 실천해서 작가의 꿈을 이루었다. 학창 시절 백일장
대회에도 한 번 나가지 못한 저자는 스무 살 때부터 글을 쓰기 시작했다. 작가
의 꿈을 이룬 자신의 모습을 매일 생생하게 꿈꾸었고, 마침내 그 꿈은 현실이
되었다. 저자가 써 낸 『18시간 몰입의 법칙』, 『솔로몬 학습법』, 『성공하는 아
이에게는 미래형 커리큘럼이 있다』 등은 분야 베스트셀러에 올랐고, 해외로
저작권이 수출되었으며, 여러 권이 번역 출간되었다. 또한 저자의 이야기는
CBS, MBC, SBS, EBS, JEI 등 각종 TV 및 라디오 방송과 국민일보, 경향신문,
중앙일보, 조선일보 등 국내 주요 일간지를 통해 소개되었다.

『꿈꾸는 다락방』, 이지성, 국일미디어

하나만 더 보자. 『마시멜로 이야기』를 쓴 호아킴 데 포사다를 소개
한 글이다.

저자 호아킴 데 포사다는 세계적인 동기부여 강연가이자 자기계발 전문가.
수많은 기업과 운동선수들을 대상으로 독창적인 강연을 펼치고 있다. 라디오
와 TV 등 방송매체에 자주 출연하고 있으며 60개국에서 리더십과 팀 구축, 판

매, 경영에 대해 강연했다. 특히 그가 제시한 기법들은 스포츠계에 많이 활용 되었는데 밀워키 벅스, LA 레이커스, 뉴저지 네츠 등 NBA 농구팀과 올림픽 팀 의 심리상담사로 활동했다.

미국 강연협회의 전문 강연가 자격증을 갖고 있는 그는 ≪스피커≫가 선정 한 미국의 유명 강연가 25인에도 선정되었다. 그는 딱딱하고 이론에 치우친 내용을 쉽고 재미있게 풀어내는 것으로 유명하고, 세계 유수의 기업체를 위 해 프로그램을 만들었다. 마이애미 대학교에서 겸임교수를 역임하면서 비즈 니스, 경영, 리더십에 응용한 심리학을 가르쳤고 'TED.com'에서도 강연했다. 국내에 출간된 책으로 『마시멜로 이야기』, 『피라니아 이야기』, 『바보 빅터』, 『마시멜로 두 번째 이야기』, 『99℃』 등이 있다.

『마시멜로 이야기』, 호아킴 데 포사다, 21세기북스

초보 작가들인 경우, 저자 소개 글을 쓸 때 벽에 부딪치게 마련이다. 딱히 쓸 만한 것이 별로 없기 때문이다. 내가 『영업, 질문으로 승부하 라』를 펴낼 때도 마찬가지였다. 저자 소개 글이 정말 고민이었다. 쓸 것이 없었다. 석사학위나 박사학위가 있는 것도 아니고, 경력이 화려 한 것도 아니었다. 그러니 당연히 짧을 수밖에. 다음은 『영업, 질문으 로 승부하라』에 실린 저자 소개 글이다.

성균관대학교 정치외교학과를 졸업한 후 보험회사와 신문사를 거쳐 현재 유 니베라 수지 대리점 대표로 있다. '어떻게 하면 영업에서 성공할 수 있을까?' 를 늘 고민하는 사람으로, 같은 고민을 하고 있는 영업인들의 고민을 해결해 보고자 이 책을 집필했다. 오정환 세일즈 리더십 아카데미(SLA) 설립을 준비 중이다.

『영업, 질문으로 승부하라』, 오정환, 호이테북스

다음은 네 번째 책 『한 번 더 세일즈』의 자기 소개 글이다. 경력이 생기고 저작 수가 늘어나며 소개 글이 조금 길어졌다.

저자 오정환은 경기도 용인에서 태어나 성균관대학교 정치외교학과를 졸업했다. 보험회사와 신문사를 거쳐 현재는 오정환 세일즈&리더십 아카데미 원장으로 있다. 오랜 세일즈 경험을 바탕으로 한 그의 세일즈 기법, 자기계발, 동기부여, 리더십 강의는 많은 영업인들에게 깊은 영감을 주는 것으로 유명하다. 책 읽는 것과 책으로 독자 만나는 것을 큰 행복으로 여기고 있으며, 앞으로도 책과 강의로 영업인들에게 꿈과 희망을 전할 계획이다. 저서로는 『영업, 질문으로 승부하라』, 『성공, 질문으로 승부하라』, 『세일즈 멘토링』이 있다.

『한 번 더 세일즈』, 오정환, 호이테북스

저자 소개를 쓰는 원칙은 간단하다. 책을 집어 든 독자한테 저자가 책을 쓸 만한 자격이 있다고 알려주면 충분하다. 다음 빈칸을 채운 후 정리하며 다듬어 보자.

1. 학력 :

2. 경력 :

3. 현재 하고 있는 일 :

4. 기타 :

서문 쓰기

제목으로 책을 고르고, 저자가 누구인지 확인했다면 독자는 이제 목차를 보든지, 책 서문을 훑어 볼 것이다. 서문이야말로 독자에게 왜 이 책을 읽어야 하는지, 읽으면 어떤 도움이 되고 효과를 얻을 수 있는지 알려 주는 글이다. 게다가 서문을 보면 저자가 글을 쓴 의도도 확인할 수 있다.

보통 서문에는 책을 쓰게 된 계기, 책의 장점과 차별성, 책을 읽는 방법, 책의 구성, 감사 인사가 들어간다. 먼저 내가 쓴 『영업, 질문으로 승부하라』의 서문을 보자.

■ "도대체 사람들은 왜 영업판을 떠나는 것일까?" ■

이것은 영업을 시작한 이래 나에게 계속 던지고 있는 질문 중 하나다. 떠나는 사람에게 그 이유를 물어보면 "비전이 없다.", "돈이 안 된다.", "일이 어렵다.", "영업은 내 적성이 아니다." 와 같은 대답을 듣게 된다. 그렇다면 왜 영업에 비전이 없다고 생각할까? 왜 돈이 안 된다고 생각하는 것일까? 영업에 맞는 적성은 있는 것일까? 이런 질문에 답을 찾기 위해 필자는 참 많은 고민을 했다.

그래서 책을 읽기 시작했다. 인터넷서점에서 '영업', '방문판매', '세일즈' 관련 책을 찾아 보았다. 처음에 깜짝 놀랐다. 이렇게 많은 책들이 있다니……. 이런 책들도 읽지 않고 영업을 하고 있는 내가 한심스러웠다. 책들을 한 권 두 권 사서 읽기 시작했다. 책을 읽으며 질문을 계속했다. '좋은 방법이 없을까?' 그러나 답은 쉽게 찾아지지 않았다.

질문을 계속하다 보면 답은 찾게 마련이라 했다. 문득 체계적인 교육이 부족했음을 깨달았다. 신입사원이 들어오면 며칠 동안 회사 소개와 제품이나 상품의 특징이나 장점만을 교육하고 있었다. 이 부분은 하루도 빠지지 않고 열심히 교육했다. 그러나 그게 다였다. 그리고 나면 아는 사람에게 팔아오든지 개척판매를 하든지 그것은 각자의 몫이었다. 각자의 재주에 맡겨 버리는 것이었다.

물론 다른 곳에서 영업을 한 경험이 있거나 배우지 않아도 스스로 방법을 터득한 사람은 살아남았다. 그러나 그렇지 않은 사람들은 몇 개월 버티기가 힘들었다. 쉽게 영업을 시작해서 쉽게 그만두기를 반복했다. 악순환이다. 그만두는 사람에게 '열정을 가져라', '비전을 가져라', '포기하지 마라' 고 아무리 설득해도 소용없는 일이었다. 정신력이 중요한 것은 사실이지만 정신력만으로는 분명 한계가 있었다.

이처럼 영업하는 사람들이 막연하게 일을 하다 비전을 찾지 못하고 그만두는 것을 막아야겠다는 생각이 들었다. 그러려면 판매 기법을 가르쳐 현장으로 내보내야 한다고 느꼈다. 이런 교육과정을 생략한 채 연고시장에 매달리다 그만두는 일을 반복한다면 점점 경쟁이 치열해지는 현장에서 생존할 수 없다는 위기의식을 느꼈다.

필자가 '영업' 관련 책들을 읽으며 깨달은 것 중 하나는 성공한 프로영업인들은 한결같이 질문을 많이 한다는 사실이었다. '길게 설명하지 말고 질문하라'고 가르치고 있었다. 영업의 모든 과정, 즉 고객 발굴, 고객의 문제 파악, 제품 설명, 계약 마무리 등 모든 과정에서 질문은 아주 커다란 가치를 지니고 있었다. 질문을 해야 고객의 문제와 필요를 알아내어 적절한 해결책을 보여 줄 수 있기 때문이었다.

영업은 대인관계의 종합이다. 성공적인 대인관계에 필요한 수많은 덕목들, 예를 들어 신뢰, 설득력, 공감 능력, 친절, 포용, 인내, 유머감각 등을 모두 갖춘 사람들이 좋은 성과를 낸다. 그러니 영업에서 성공하는 사람은 한 인격체로서 완벽하다고 보면 된다.

질문은 바로 이러한 덕목들을 갖춰 가는 데 길을 알려 주고 있다. 질문으로 효과적인 설득이 가능하고, 강한 인상을 심어 줄 수 있고, 고객에게 동기를 부여하고, 고객을 진심으로 이해하고 공감할 수 있기 때문이다. 또한 질문으로 자신 내면의 소리를 들을 수 있으며 열정과 비전을 품을 수 있고, 자기반성도 할 수 있다. 이러한 질문의 힘을 독자들이 이해하고 실천한다면 지금보다 높은 성과를 낼 수 있을 것이다.

1장에서는 질문의 필요성과 질문할 때의 기본 원칙, 고객에게 하는 질문에 앞서 자기 자신에게 어떤 질문을 해야 하는지를 일러 주고 있다. 그동안 질문의 가치를 깨닫지 못한 독자라면 질문의 가치와 힘을 알게 될 것이다. 또한 평소 습관적으로 하는 질문이 우리 인생에 얼마나 커다란 영향을 미치는지도 알 수 있다.

2장에서는 영업에 질문이 왜 필요한지, 질문이 어떤 기능을 하는지, 영업에서 사용할 수 있는 질문의 유형은 어떤 것이 있는지 설명했다.

3장, 4장, 5장에서는 영업 과정별로 어떤 질문을 어떻게 해야 하는지 예를 들면서 설명했다. 고객과 친해지는 질문, 고객의 문제와 필요를 알아채는 질문, 고객의 욕구를 자극할 수 있는 질문, 판매 마무리에 사용할 수 있는 질문, 거절 처리 질문, 고객관리 질문, 소개받기 질문 등을 다루었다. 영업 현장에서 바로 응용할 수 있어서 쓰임새가 많을 것이다.

물론 이미 영업 현장에서 질문을 많이 하고 있는 독자도 있을 것이고, 처음 영업에 발을 들여놓아 어떻게 할지 고민하고 있는 독자도 있을 것이다. 이 책은 모두에게 쓸모가 있겠지만 단지 소설이나 수필처럼 단박에 읽어서는 충분한 효과를 얻을 수 없다.

예로 든 질문들을 당신이 취급하는 제품에 맞게 창의적으로 고쳐서 반사적으로 입에서 튀어나올 정도로 연습하고 또 연습해서 내 것으로 만들어야 현장에서 쓸 수 있다. 영업에서 성공한 프로들은 한결같이 책을 많이 읽고 끊임없이 영업기술을 갈고 닦는 사람들이다. '이 세상에 공짜는 없다.' 는 말은 영업 현장에도 딱 들어맞는다.

질문법을 완벽하게 익히면 성공 확률은 확실히 올라가겠지만 그렇다고 100전 100승 할 수는 없다. 단지 현장에서 유용하게 써먹을 수 있는 신형 도구 하나를 새롭게 얻었다고 생각하면 된다. 한 가지 기술로 다양한 고객들을 모두 상대할 수는 없다. 그만큼 영업 현장은 변수가 많다. 영업에서 사용할 수 있는 다양한 방법들을 책과 선배에게 배우면서 자신만의 노하우를 창조해 가다 보면 당신은 어느새 영업 달인이 되어 있을 것이다.

마지막으로 이 책을 위해 도움 준 분들께 감사 인사를 드린다. 유니베라 수지 지사의 김영중 팀장, 김윤자 팀장, 홍남희 팀장, 육선옥 팀장은 기꺼이 자신들의 영업기법을 알려 주고 이 책에 현장감이 떨어지지 않도록 많은 조언을 아끼지 않았다. 우리 사무실 많은 유피들이 "책이 팔릴까요?" 라며 걱정과 격려를 아낌없이 주셨다. 고마운 분들이다.

유니베라 본사 이병훈 총괄사장님, 김동식 사장님, 이경원 본부장님, 이광훈 팀장님, 백승우 팀장님, 신흥 대리도 격려와 조언을 아끼지 않았다. 또한 유니베라와 인연을 맺어 주신 용인 오귀자 사장님, 함께 독수리 오형제 모임을 하며 격려와 용기를 주신 수원 채수철 사장님, 신평촌 손옥희 사장님, 인천신흥 강혜숙 사장님, 수원화서 원광숙 사장님께 감사의 마음을 전한다. 이분들의 조언과 경험담이 이 책 곳곳에 살아 있다.

또한 견학을 가면 친절히 대해 주시고 조언을 아끼지 않으신 청주 강병휘 사장님, 서울 연신내 김지호 사장님, 일산 마두 이순임 사장님, 안산중앙 최세창 사장님, 안산 호수 박엄의 사장님, 대전 중부 서인선 사장님, 신은평 신숙희 사장님, 순천 송승준 사장님. 안산선부 이미경 사장님, 안양 신동현 사장님, 송탄 진홍석 사장님, 수원 남부 김순옥 사장님도 이 책의 숨은 공로자들이니 감사를 받는 것은 당연하다. 만날 때마나 힘주는 말로 용기를 주셨다. 유니베라에서 인연을 맺은 모든 사람들은 내게 너무나 소중한 사람들이다. 이분들의 열정과 사랑 그리고 비전을 보며 많은 깨달음을 얻었다.

감사하려니 그 대상이 참 많다. 그만큼 평소 신세를 많이 지고 살고 있다는 증거일 것이다. 죽을 때까지 감사만 해도 부족할 듯싶다. 다른 복보다 특히 인복을 많이 주신 하나님께 감사할 뿐이다. 좀 쑥스럽지만 아내 조미선과 딸 오하영에게도 고맙다는 말을 꼭 하고 싶다. 책 작업을 하는 동안 주말이든 평일이든 함께 있어 주지 못했지만, 묵묵히 응원하고 용기를 주었다. 함께 여행하기를 좋아하는 아내의 침묵이 없었다면 이 책의 출판이 다소 늦어졌을 것이다. 자식 잘되라고 아침마다 기도하신다는 부모님, 동생을 위해 새벽마다 기도하고 있을 우리 형 오준환 목사와 형수. 이분들께 진 빚을 글 몇 줄로 때우려니 송구스럽다.

끝으로 호이테북스 김진성 사장께 감사드린다. 처음으로 책을 내겠다며 글을 써 놓고 자신 없어 할 때 격려와 용기를 주며 기꺼이 책을 내 주셨다.

아무쪼록 이 책이 영업 현장에서 꿈과 희망을 키우고 있는 사람들에게 보탬이 되었으면 한다. 그것이 고마움에 답하는 최선의 길임을 나는 안다. 그래서 어깨가 무겁다.

영업으로 성공을 꿈꾸는 사람을 위하여

『영업, 질문으로 승부하라』, 오정환, 호이테북스

보았으면 실천을 할 단계다. 이제 당신이 쓸 책의 서문을 써 볼 차례다. 다음의 서문 쓰기 연습을 통해 당신만의 서문을 작성해 보기 바란다.

- 서문 쓰기 연습 -

1. 책을 쓰게 된 계기 :

2. 책의 장점과 차별성 :

3. 책을 읽는 방법, 활용법 :

4. 이 책의 구성 :

5. 감사 인사 :

후기 쓰기

후기 쓰기에 특별한 형식은 없다. 책을 쓰며 느꼈던 감정, 마지막으로 하고 싶은 말을 자유롭게 쓰면 된다. 일단 내가 쓴 책의 후기를 보자.『한 번 더 세일즈』의 후기다.

책을 내는 것은 아이를 낳는 것과 같다. 그래서 소중하고 기쁘다. 아이가 잘 났거나 못났거나 상관없이 부모가 자식을 사랑하듯, 이 책이 잘 쓴 책이든 못 쓴 책이든 상관없다. 내가 알고 있고 경험한 것들을 모두 쏟아냈으니 그것으로 만족한다.

지난 20여 년 대부분을 영업 일선에서 일했다. 때때로 편하게 사무실에 앉아 일하는 모습을 부러워한 적도 있다. 뜨거운 여름날 무거운 가방을 들고 다닐 때 그런 생각을 했었다. 추운 겨울은 또 어떻고. 무엇보다 영업하는 사람들을 아래로 내려다보는 시선은 자존심을 상하게도 했다. 남의 사무실에 문을 열고 들어갔다가 쫓겨난 일, 잡상인 취급받으며 출입금지를 당한 일 등은 나를 많이 힘들게 했지만 나를 안으로 뭉치게 하는 좋은 경험들이었다.

건강기능식품 방문판매 사업을 시작한 후 주부사원을 증원하기 위해 노심초사하던 일이나, 임대료가 밀리고 급여일에 급여를 줄 수 없는 막막한 상황이었을 때, '내가 왜 이런 힘든 길을 선택했을까?' 하고 후회스러운 적도 있었다. 그러나 결국 이런 것들이 모두 응축되어 이렇게 책으로 빛을 보게 되었다. 이만큼 나이 들어 생각해 보니 내가 선택한 길이 옳았다는 생각을 한다.

'곧 지나가리라.'

나는 이 말이 좋다. 힘든 상황에 놓이면 이 말에서 희망을 얻었다. 수많은 고비 고비들이 모두 지나갔다. 진짜 모든 것이 거짓말처럼 지나갔다. 언제 그런 일이 있었냐는 듯 말이다. 그 어려움이 추억이 되고, 그 어려움이 경험이 되어 나의 스토리가 되었다.

사는 동안 책 한 권만이라도 쓰고 싶었던 마음이 이제 네 권까지 내게 되었으니 얼마나 행복한지 모르겠다. 책 네 권이면 어느 정도 이 분야에서는 전문성을 인정받은 것이라 생각하고 싶다. 주변에서 대학원에 진학해서 학위를 받으라는 말을 많이 한다. 한국 사회에서 스펙을 무시할 수 없다고 하면서 공부를 권하지만 아직 별 생각이 없다.

차라리 이렇게 1~2년에 한 번 내 이름으로 된 결과물을 내놓는 것이 더 실속 있으리라는 생각이다. 학위를 받기 위해 드는 돈으로 더 많은 책을 사서 읽고, 더 많이 경험하는 것이 나을 것이라는 생각이다. 이렇게 하다 보면 죽는 날까지 스무 권은 쓰게 될 것이다. 그것이 내 삶의 흔적일 것이니 무엇이 부러울 것인가.

이 책을 읽은 영업인들에게 "책을 읽고 많은 도움이 됐다." 는 한마디가 듣고 싶다.

『한 번 더 세일즈』, 오정환, 호이테북스

책을 내며 머릿속에 있는 생각을 자유롭게 적었다. 특별한 형식이 있는 것은 아니다. 다음은『성공, 질문으로 승부하라』의 후기다. 역시 내가 쓴 책이다.

■ 행복한 성공은 질문으로 시작한다 ■

질문은 모든 일의 시작이다. 출발점이다. 그래서 질문이 중요하다. 모든 창조적인 성과들은 모두 질문으로 시작했다. 질문이 있어야 관찰을 하고, 관찰을 하며 또 질문을 한다. 질문을 하며 그동안 보지 못한 것을 보게 되고 미처 생각하지 못한 것을 상상하게 된다. 질문이 관찰을 낳고 관찰이 상상력을 낳고 상상력이 창조를 낳는다. 질문은 '성공의 문고리' 를 잡는 것이다.

질문 속에 들어 있는 우주만한 잠재력은 새로운 역사를 창조한다. 수만 년 전에 질문이 없었다면 인간이 돌도끼든 돌칼이든 만들 수 있었을까. 청동기로 도구를 만들고 철로 도구를 만드는 역사의 발전은 모두 '어떻게 하면 더 편리하게 살 수 있을까?' 라는 질문에서 시작했다. 지금도 수많은 발명가들은 이와 같은 질문을 할 것이다. 창조적인 작업을 하는 사람들, 신제품 개발자, 광고 기획자, 작곡가, 미술가, 디자이너와 같은 예술가, 소설가, 발명가들은 수많은 질문을 하며 하나를 진척시키고, 또 질문을 하며 조금씩 최종 목표에 도달한다. 그러다 어느 순간 머릿속이 번쩍거리며 통찰의 순간이 생기면 그동안 깜깜했던 모든 것이 전깃불처럼 환해지며 또 한 번 새로운 역사를 창조한다.

질문은 나를 변화시키는 촉매다. 어느 위인이라도 자기 자신에게 질문하지 않았다면 역사에 이름을 남기지 못했을 것이다. 우주와 영혼을 향한 질문이 없었다면 종교도 탄생하지 않았을 것이다. 사물에 호기심 어린 질문이 없었다면 과학과 학문의 진보도 없었을 것이다. 미래를 향한 질문과 거침없는 도전 정신이 없었다면 우리의 입에 오르내리는 수많은 영웅들도 범부로 사라졌을 것이다.

아울러 질문은 사회를 행복하게 한다. 당신이 마음을 열고 진심으로 질문한다면 모든 사람과 소통에 어려움이 없을 것이다. 소통은 가족 간이든 직원 간이든 모든 구성원들에게서 오해와 불신을 걷어 가고 좋은 관계를 만들 수 있는 기회를 제공한다. 질문은 당신뿐 아니라 당신이 속한 모든 조직에 활력과 행복을 줄 것이다. 행복한 성공은 질문으로 시작하는 것이다.

질문은 이렇게 우리 내면에 헌걸찬 능력을 불어넣어 준다. 그래서 질문은 위대하다. 그러니 위대한 질문으로 당신이 원하는 행복한 성공에 큰 걸음을 내딛기 바란다.

『성공, 질문으로 승부하라』, 오정환, 호이테북스

후기를 잘 쓰는 방법은 간단하다. 다른 책에 있는 후기를 많이 읽어 보면 된다.

출판사 알아보기

이 책을 읽는 독자들은 초보 작가들일 것이다. 프로 작가라면 출판사가 먼저 계약하자고 할 것이니 걱정할 것이 없다. 출판사 섭외 문제는 초보 작가에게만 있는 문제다. 다행히 출판사에 선이 닿아 있다면 어려운 일이 아니다. 그렇지 않다면 원고를 거의 완성한 다음에 출판사를 알아보는 것이 좋다.

먼저 할 일은 당신이 쓴 책과 같은 분야의 도서를 주로 발행하는 출판사를 알아보는 것이다. 그동안 읽었던 책을 펼치고 다음 표를 완성해 보자. 그 뒤 출간제안서를 작성하여 이메일로 보내 보자. 여러 번 거절을 각오해야 한다. 내가 처음 책을 낼 때도 어떻게 출간하느냐가 문제였다.

아무래도 내 책을 선뜻 내 주겠다는 출판사가 없을 것 같았다. 세일

즈 관련 책을 전문으로 내고 있는 출판사 몇 군데를 골라 전화번호와
이메일 주소를 알아내서 연락해 볼 생각을 했다. 내가 읽었던 세일즈
관련 책에서 출판사 여섯 곳의 이메일 주소와 전화번호를 알아냈다.

그리고 이메일로 출간제안서를 보냈다. 나를 소개하고 이런저런 내
용으로 책을 썼는데, 책을 내 줄 용의가 있느냐고 물었다. 여섯 곳 중
두 군데에서 연락이 왔다. 한 군데는 정중히 거절을 했고, 한 곳은 머
리말과 목차를 보고 싶다고 연락이 왔다. 그곳이 첫 책을 낸 호이테북
스다.

🌀 출판사 DB

번호	출판사 이름	전화번호	이메일

출간제안서 작성하기

출간제안서란 당신이 집필한 책을 출판사에 알려서 출간을 의뢰하기 위한 것이다. 이를 위해 당신은 당신과 당신이 쓴 책을 간략하면서도 정확하게 출판사에 소개할 필요가 있다. 물론 인터넷을 뒤져보면 출간제안서 양식을 쉽게 찾을 수 있다.

하지만 정해진 양식이 따로 있는 것은 아니다. 출판사의 마음을 열수 있는 다른 것이 있다면 어떤 것을 넣어도 상관이 없다. 출간제안서에 들어가야 할 기본적인 것들은 다음과 같다.

1. 제목 : 제목이 중요하다. 출판사는 당신이 보내는 것과 같은 이메일이 수도 없이 들어온다. 바쁜 출판사 입장에서는 초보 작가의 제안서를 꼼꼼히 살펴보지 않을 확률이 높다. 그러니 일단 제목으로 담

당자의 눈길을 사로잡아야 한다. 그래야 그다음을 읽을 것이다.

2. 제안자 이름 : 당연히 저자 이름으로 하면 된다.

3. 기획 의도 : 이 책을 왜 썼는지 밝혀야 한다. 이미 머리말을 쓰며 당신은 연습했다. 비슷한 책들의 문제점, 이 책이 다른 책과 다른 점을 써야 한다.

4. 저자 프로필, 연락처 : 전문가임을 부각해야 한다. 그 분야 경험이나 공부량을 써서 '책을 쓸 만한 사람이 썼구나' 하는 인상을 심어줘야 한다.

5. 주요 목표 독자층 : 쉽게 말해 이 책이 시장에서 잘 팔릴 것임을 강조하는 것이다.

6. 핵심 내용 : 이 책이 담고 있는 내용을 요약해서 한눈에 보여 줘야 한다. 책을 끝까지 읽지 않아도 판단이 가능하도록 간단하고 쉽게 쓴다.

7. 추진 일정 : 현재 진행 사항, 원고 마감일을 구체적으로 밝혀야 한다.

8. 목차 : 목차로 책을 한눈에 볼 수 있다. 책 제목같이 목차도 출판사가 탐낼 만한 내용으로 가득 담아야 한다.

자, 이제 출간제안서를 직접 써 볼 차례다. 누군가에게 프리젠테이션을 한다는 심정으로 빈칸을 정성 들여 채운 다음, 앞에서 정리한 출판사로 보내 보자.

1. 제목 :

2. 제안자 이름 :

3. 기획 의도 :

4. 저자 프로필/연락처 :

5. 주요 목표 독자층 :

6. 핵심 내용 :

7. 추진 일정(현재 진행 사항, 원고 마감일) :

8. 목차 :

지금까지 잘 따라왔으면 원고가 거의 완성되었을 것이다. 원고지 800~1,000장 정도는 돼야 단행본 한 권을 낼 수 있다. 원고를 완성하면 일정 기간 묵히는 게 좋다. 기간이라는 게 따로 정해진 것은 아니지만, 일주일이나 10일 정도 뒤에 다시 한 번 보면 고쳐야 할 것이 꽤 많이 나온다. 글쟁이들은 다 그렇게 한다. 글을 다듬는 요령은 '2장. 짧은 글쓰기'에 나와 있다. 마지막으로 책을 다듬을 때는 다음 사항을 꼼꼼히 점검해 봐야 한다.

1. 제목은 괜찮은가? 독자의 눈길을 끌 만한가? 내가 독자라면 서점에서 책을 고를 때 손이 가겠는가?

2. 저자 프로필에 추가할 것은 무엇인가?

3. 서문과 목차는 충분히 매력적인가? 이 책을 집어 든 독자가 서문과 목차를 봤을 때 사고 싶은 욕구가 생길 만한가? 책을 쓴 의도나 독자가 얻을 수 있는 이익을 분명히 밝혔는가?

4. 본문을 읽을 때 불편함은 없는가? 소리 내어 읽었을 때 잘 읽히는가?

5. 책의 흐름에 일관성은 있는가? 주제와 사례, 주장하는 것은 일치하는가?

6. 맞춤법에 충실한가? 띄어쓰기는 잘됐는가? 오탈자는 없는가?

삶을 바꾸는 강력한 도구, 책을 써라!

아버지는 용인에서 이발관을 하셨다. 그 옆에 서점이 있었다. 70년대에는 어린이 잡지로 『소년중앙』이 있었는데, 매달 그 서점에서 책을 가져오면 아버지가 책값을 지불해 주셨다. 그때 책을 참 열심히 읽었다. 그러면서 '나도 쓰고 싶다!'는 욕구를 처음 느꼈다.

어릴 때부터 끼적거리는 것을 좋아했다. 하지만 작가가 되겠다고 생각한 적은 한 번도 없다. 그냥 책 한 권 썼으면 좋겠다는 생각을 했다. 이런 욕구에 불을 지른 것은 정민 교수가 쓴 『다산선생 지식경영법』이다. 이 책은 잊고 있던 어릴 적 꿈에 불을 붙인 불쏘시개였다. 그 책을 만난 게 얼마나 행운인지 모른다.

그리고 책을 네 권 냈다. 일 년에 한 권씩 썼다. 나는 내 안에 이런 열정과 가능성이 있는지 몰랐다. 당신이 쓴 책도 꿈의 불쏘시개가 될지 누가 알겠는가.

오랜 시간 글을 끼적거리고 책을 썼지만, 글쓰기나 책 쓰기를 다른 사람에게 가르치겠다고 생각해 본 적은 없다. 우연한 기회에 책 쓰기와 글쓰기 강의에 발을 들였고, 이렇게 책까지 내게 되었다.

이 과정을 겪으며 느낀 것이 있다. 사람의 능력은 무한하다는 것이다. 마음만 먹으면 가능성이 커진다는 사실이다. 책을 쓰는 것이 초보자에게는 커다란 산일 수도 있다. 산이 높으면 오르기 힘들 뿐이지 결코 오르지 못할 산은 아니지 않은가.

노자가 한 말이 생각난다. '천 리 길도 한 걸음부터 시작한다.' 태산을 오르든, 천 리 길을 가든, 책을 쓰든 그 '한 걸음'이 중요하다. 당신은 이 책을 끝까지 읽었으니 이제 위대한 '한 걸음'을 뗀 것이다.

당신의 이름이 책 표지에 새겨지고, 그 이름이 찍힌 책이 전국 서점에 깔리며, 집집마다 책꽂이에 꽂힐 것이다. 당신이 쓴 책이 국립중앙도서관에 있고, 국회도서관에 있고, 대학도서관에 있고, 도립·시립도서관에서 살아 움직일 것이다. 당신이 느끼는 흥분만큼이나 당신의 책을 읽은 사람들도 흥분할 것이다.

당신의 책이 불쏘시개가 되어 아무개의 삶을 변화시킬지 누가 알겠는가. 그 정도면 충분하지 않은가. 살아서 책 한 권 남기는 이유로는.